Ⓢ新潮新書

高村正彦　三浦瑠麗
KOUMURA Masahiko　MIURA Lully

国家の矛盾

703

新潮社

はじめに　一世代分の改革と保守政治の矜持

三浦瑠麗

本書は、高村正彦自民党副総裁と、国際政治を専門とする学者である私の対談をまとめたものです。

高村副総裁は言うまでもなく、２０１５年秋に成立し、集団的自衛権の行使容認に道を開いた安保法制成立の立役者であり、安倍政権における外交・安保政策のキーマンです。本書のハイライトは、安保法制の骨格が形成されるに至る経緯が明らかになっていく部分（第一章）でしょう。安保法制成立に至る道筋について、その政策決定を支えた外交・安保の考え方について、党内の意思統一と与党協議を主導した当事者が体系的に語ったという意味では、これまでになかった証言と言えるのではないでしょうか。私が本書の企画を引き受けさせていただいたのも、そこを明らかにし、記録し、記憶することに歴史的意義があると考えたからです。

集団的自衛権の行使容認を核とする安保法制の整備は、戦後日本の大きな転換点でした。それは、サンフランシスコ講和体制の確立（１９５２年）、安保改定（１９６０年）、日米安全保障共同宣言（１９９６年）に匹敵する、日本の外交・安保政策と日米関係の大きな節目であり、「一世代分の改革」であったと思っています。しかも、本書の中でも触れられていますが、安保法制をめぐる議論には紆余曲折があって、国会での審議が政策変更の重要性に見合う充実したものとはならなかった。そこには、形式論と経緯論に傾斜した安保論議の負の伝統があったわけですが、結果的に、高村氏が主導した自民党と公明党の間の与党協議において、最も本質的な議論が為されたとも言えるわけです。

高村氏との対談の中で、私が最も強い印象を受けたのは、立憲主義や平和に対するある種の愚直さであり、芯の強さでした。安保法制を「戦争法案」として批判する野党勢力や一部メディアの主張によれば、高村副総裁こそが立憲主義や平和の破壊を目論む張本人ということになるでしょう。本書では、政権与党の中で、最も本質的な意味で立憲主義と平和を重んじる政治家の世界観が率直に語られています。その考え方が、立憲主義や平和に照らしてどのように評価されるべきかは、読者諸賢の判断に委ねるとして、そこに戦後日本的な安全保障論議の集大成を見るのは私だけではないでしょう。

1980年代生まれの私は、冷戦期に確立された憲法解釈をどこまでも細分化したガラス細工のような安保論議そのものに強い違和感を覚えて来ました。当初から安保法制に賛成の立場を表明してきた私も、結論は同じでも、憲法解釈の論理作法にはちょっと付き合いきれない部分があるのは事実です。私には、自衛隊を合憲としながら集団的自衛権を違憲とする議論は、ある誤魔化しを他の誤魔化しで置き換えただけに思えるからです。そこに、外交族の与党の重鎮と学者の発想の違いがあるのはもちろんです。ですが、それを措いても、高村氏の論理には自民党政治の最も評価されるべき誠実さが貫かれていることもまた事実であると感じるに至りました。

第二章の「外交の矛盾」は、安保法制に至る日本外交の考え方の見取り図を提供しています。第三章の「政治の矛盾」は、高村氏という政治家が自民党政治の中からどのようにして生まれたかを浮き彫りにしています。両章を併せて読むことで、安保法制の前史として時代の流れを感じることができるし、これからの日本政治がどのように変わっていくかを考える視座が与えられるように思います。

そこで語られる外交を貫く発想を一言で表現するとすれば、「抑制主義」ということになるでしょうか。外交・安保を語る際の基準となってしまった感のある、ある種の威勢の良さとは無縁の保守主義者の矜持でもあります。高村氏は、一方で共産党の幹部を「嘘をつかない人」として一定程度評価しつつ、他方で国家の独立と繁栄への責任感を共有できない空想的平和主義者への反感を露わにしています。そこに貫かれているのは、偽物を憎む姿勢です。

本書を読んで、日本外交が静かに存在感を発揮してきた部分に関心を抱かれる読者も多いことと思います。例えば、96年に外務政務次官（その後外相）に就任した高村氏が「行くべき国」として真っ先に念頭に置いたのは、イラン、ミャンマー、キューバでした。また、対立の図式で語られる対中や対ロ関係についても、相互理解を基調とした息の長い取り組みを行い、米国とはテーブルの下でやり合う部分と対外的に協調する部分を明確に分ける。そこには、外交分野でも官僚主導から政治主導へと移り行く時代の自民党政治の最良の部分があるかもしれません。

日本政治の変遷を見るにあたっては、小選挙区制度導入の影響が広がっていった過程が大きなテーマとなります。本書では、党の執行部や官邸に、いかに権力が吸い寄せられていったかを振り返り、それ故に可能となった改革が意識して語られます。それでも、中選挙区時代に政治家としてのスタートを切り、自民党議員同士での切磋琢磨を経た世代特有の感覚もそこには息づいています。単なる復古主義や党利ではなく、古き良きものを惜しみつつも時代の変化を招じ入れようとする高村氏の言葉からは、失われた価値や政治家の資質についての示唆を感じることができます。結果として強く意識されるのは、保守の矜持を持った、現実主義者の、知性派の政治家という存在が絶滅危惧種であるということです。

安保法制の導入は、その後に誕生した米国トランプ政権の存在によって、より重要な意味を持つこととなるでしょう。良きにつけ、悪しきにつけ、日本を取り巻く環境は変化のスピードが速くなるはずです。本書で語られるのは、新しい時代の入り口まで日本をもっていった政治家の歴史的証言です。それ故に、変わっていく時代を強く意思するものとなっている気がします。賛同するにせよ批判するにせよ、どうか高村氏の発言を熟読玩味していただきたい。我々は、どのようにしてここに至ったかを理解せずに、次の一歩を踏み出すことはできないのですから。

国家の矛盾——目次

第一章　安全保障の矛盾

三浦　政治という営みは、背景や利害が異なる集団の間に成立するものであり、言ってみれば、いくつもの矛盾を背負いこんでいるものです。そこに関わる者は、それぞれの立ち位置と役割を超えて、その矛盾と向き合い、永遠に止揚しつづけないといけない。その本質は、政治の当事者である政治家も、国民に情報を伝える立場のメディアも、少し長い目で事態を分析する学者も変わらないのだろうと思っています。だから、責任感を持って政治に向き合えば、「すっきり」で「溜飲が下がる」ような解決策は永遠にあり得ないわけです。

政策というものは、それが白に近いか黒に近いかというグラデーションはあるものの、常にグレーです。特に、平和安全法制のようなコントラバーシャル（＝論争的）なテーマでは、全員が納得するような解はそもそも望めない。どの程度グレーなのか、そのグレーは許容範囲なのか。それが問われるべきですが、平和安全法制をめぐる一部の論調は、「無謬で真っ白で100％満足」なものを求めているように感じました。そこが、政治の中でも、イデオロギーが色濃く反映される分野の難しさであろうと思います。

そこで今回、平和安全法制のまとめ役をされていた高村さんに、これまでの経緯を振り返って頂きながら、「権力行使の現場」の雰囲気を再現していこうと思っています。安保法制については、様々な立場や意見があると思うけれど、一つコンセンサスに近いものがあるとすれば、メディアでの議論や、国会審議には、ある種、消化不良な部分があったということだろうと思います。日本の政治と安全保障の歴史の中の大きな一歩がどのように踏み出されたのか、後世の検証に堪え得るような題材を提供できればと思っております。どうぞよろしくお願いします。

高村　こちらこそ、よろしくお願いします。

政治についてというような話がありましたが、自民党というのは「普通の日本人」を代表する政党なんですよ。普通でない人を代表した政党もたくさんありますが（笑）。その意味で、特別なことは何もありませんよ。我々はいつも、普通の日本人の世論と良識を元に、政策を作っていますから。

安全保障は「確率のゲーム」

三浦　安保法制は「戦争法案」などと呼ばれたりして「騒動」になりましたよね。政府・自民党の立場から言えば、集団的自衛権の行使をめぐる憲法上の解釈、いわば法律上の変更にすぎないのに、当初想定していたより大きな騒動になってしまった、という感じなんでしょうか。

高村　日本には、私たち自民党のような現実的平和主義、つまり平和のための外交努力は当然だが同時に抑止力も必要であるという考え方と、「抑止力なんて必要ない。むしろ抑止力があるから戦争になるんだ」という「空想的平和主義」の人たちがいますよね。ざっくり言えば、55年体制の下では前者の考え方を自民党が体現し、後者の考え方を社会党が体現していました。

それが、いわゆる「自社さ」連立によって1994年に村山政権が誕生し、社会党の村山富市首相が「自衛隊は合憲であり、日米安保条約を堅持する」と、最初の所信表明でおっしゃった。実は私、初入閣は村山政権の経済企画庁長官なので、総理がそれをおっしゃったのをひな壇の上で感激しながら聞いていました。「ああこれで不毛な対立の時代は終わったんだ」と。いま考えれば、そう思った私が甘かったわけですが（笑）。

今度の平和安全法制では、法案の審議とは別のプロセスとして進んでいた憲法審査会の審議の中で、3人の憲法学者が「憲法違反」と言った瞬間、本来は現実的平和主義者の集団だったはずの民主党（現民進党）が空想的平和主義のほうへ振り子を振ってしまった。それが「騒動」を大きくしてしまいました。

三浦　あれが分岐点でしたよね。村山内閣が20年前に自衛隊と日米安保を認め、政権交代を経た今の日本政治において、あそこまで急激に潮目が変わるとは思っていませんでした。

高村　民主党は「これで自民党を倒せるのではないか」と誤解してしまったのでしょう。それで、本来は現実的平和主義の人が多い民主党が、空想的平和主義者の多い共産党や社民党、そして国会を取り巻くデモの方に歩み寄ってしまった。

私はデモが悪いとはまったく思いませんが、それを政治的に使う政党の側は慎重でなければいけない。さきほど三浦さんがおっしゃったように、政治という営みは常に対立を含み、妥協によるグレーで暫定的な施策の連続にならざるを得ませんが、今回の平和安全法制の決着によって、少なくとも空想的平和主義と現実的平和主義の対立はこれで終わりにして欲しいと思っています。

三浦　当時の民主党の中に、「これで自民党政権を潰せる」というある種の機会主義的な発想が生まれたのはその通りと思います。ただ、現在の民進党の中では現実的な考え方をする人たちも少なからずいますから、彼らの頭の中をのぞいて見れば、ちょっと違う見方も成り立つと思うんです。つまり、政治算段とは別に「退潮していくアメリカとの関係はこのままでいいのだろうか」という思いも彼らの中にあったのではないか。そういう思いがあったところに、「抑止なんかいらない」というところまで振り切った人や、「抑止の必要性は認めるけれど、日米安保という約束はあるのだから、これ以上日本の負担を増やさなくていい」という人も加わり、それが「空想的平和主義」の激流の中に流れ込んでしまった面もある気がするんです。

皮肉なのは、「抑止なんていらない」というところまで振り切った人の中には、もともとそんなことは思っていなかったはずなのに、「アメリカが今までどおり守ってくれないならやっぱり抑止なんていらない」と宗旨替えした人もいる。そうした政治的ムーブメント（＝運動）から生じる非合理性はどう見ておられましたか。

高村　安全保障は確率のゲームです。「こうやっておけば絶対安全」とか「これをやったら絶対だめ」とかいうものではない。安全の確率を少しでも高めるように地道な努力を続けるしかない。「これで絶対安全と言えないんだったらすべては無駄な努力だ」というような、イチじゃなければゼロという発想は、安全保障の考え方に馴染みません。

三浦　そのゼロイチの発想は、日米開戦前の日本にちょっと似ているかも知れませんね。国際秩序の理解を、「国際法はすべて守られるか無かのどちらかである」という二項対立の中に押し込んでしまい、国際政治はすべてグレーであるという認識がない点で。

高村　そういう共通点はあるかもしれませんね。

戦前の「翼賛勢力」に似ているのはどっち？

高村　もう一つ付け加えると、太平洋戦争に突入する時は、ほとんどの政治家は「アメリカと戦争をやったら負ける」と思っていたはずなんですよ。私は先輩の政治家たちからそう聞いています。しかし世の中の空気、特にマスコミに引っ張られた。「俺が賛成したくらいではアメリカとの戦争になんかならないだろう」と多くの政治家が「空気」

に流されていくうちに、本当に戦争になってしまった。やっぱり日本における空気は強いですよね。それは戦前も戦後もあまり変わっていない。

戦前の空気は、振り子がグーンと右に振れていた。その反動で、戦後は左に大きく振れた。その空気の中でも、憲法9条2項（51頁参照）に何て書いてあろうとも、自民党は「抑止力は必要だ」という考えを貫いた。抑止力がなければ他所《よそ》の国に侵略してくれと言うも同然で、もし侵略されたら座して死を待つことになるからです。私は「大きな常識」と言っていますが、その大きな常識に基づいて、私たちの先人は自衛隊を作ってくれた。

自衛隊については、「憲法9条2項がある以上憲法違反だ」と当時もほとんどの憲法学者は言っていました。だから、民主党の一部の人が言ったように、「憲法学者は私たち国会議員より憲法について見識を持っているんだから彼らの見解を鵜呑みにすべきだ」という立場を取ったら、自衛隊はなかったんですよ。

三浦　先人たちが自衛隊を作ってくれたのは私も感謝していますが、敗戦からアメリカによる占領、自衛隊の創設、そして今回の集団的自衛権の行使容認まで来たという歴史を振り返ると、もっともアメリカに期待していなかったのは、実は平和安全法制を推進した側だったんじゃないかと思ったりします。安全保障分野における現実主義者は、どうしても対米追従というレッテル貼りにあうことが多いけれど、真実は逆ではないかと。高村さんのおっしゃる空想的平和主義の側は、ある意味で、アメリカに守ってもらい、自分たちは襲われないことを前提にしているわけですから。

高村　左翼の中にも本当に抑止力は必要ないと思ってる人と、「いや、いざとなったらアメリカがやってくれるさ」という人の両方がいるんだと思いますよ。空想的平和主義者の中には、「人を殺すぐらいなら座して死を待てばいい」と考える人もいる。そこまで覚悟しているなら思想と行動が一貫していてそれなりに立派だと思いますが、国民の生命と安全を守るべき政治家がそんな態度を取るわけにはいかない。

「原罪としての敗戦」という考え方

三浦　論壇の中には、最近だと『永続敗戦論』をお書きになった白井聡さんとか、少し前だと『敗戦後論』の加藤典洋さんのように、「日本は戦後に新しいものを作り上げたと思っているが、内実は全然変わっていない。日本は敗戦し続けているんだ」と考える人たちがいます。そこには、敗戦を一つの「原罪」として、善悪や倫理の問題として捉える発想があります。１９８０年代生まれの私は、親の世代が既に戦争を知りません。私には、戦争を原罪としてウェットに位置づける発想が今ひとつピンとこないんです。

日本のどの地方に講演に行っても、「日本はなぜ原爆を落とされたのか？」という質問が毎回必ず飛んできます。これまでも繰り返し指摘されてきたことですが、戦争に対する加害と被害の両面を持つという世代までの日本人のアイデンティティーの根幹にある問題なのだろうと思います。すごく突き放した言い方になってしまいますが、アメリカのロジックに従えば、そちらから先制攻撃をしかけてきて総動員の戦争をやっているのだから、こちらが持っている兵器を全部使うのは当然だろ、となるはずです。だから、敗戦を「日本の原罪」として論じる必要なんてないし、日本人は「それはそういう不幸な時代だったね」と解釈しておけばいいと思います。

敗戦を「日本の原罪」ととらえている限り、「９条の制約を取り払ったり、集団的自衛権を兼ね備えたりしたら、日本はとんでもない好戦的な国になる！」という思い込みや、逆に「もう１回原爆を落とされるような災禍が降りかかってくる」みたいな思い込みを払拭できない気がします。

こういう日本の考え方は、何で変わらなかったんでしょうか。

高村　それは私にはよくわかりませんけれど、空想的平和主義者の人たちは見方が非常に一面的なんですよね。私のような現実的平和主義者のことは平和主義者だと思っていない。軍国主義者だと思い込んでいるわけです。でも今の日本で、積極的に戦争をしたいと考えている勢力なんてどこにありますか？

日本人は、たしかに国策を誤ったこともあったけれど、江戸時代には260年以上も平和が続いたし、その歴史が平和的な国民性を培ってもきた。平和安全法制は「戦争法案」なんて言われましたが、法案を進めた政府・自民党について言えば、武力行使に関してはかなり抑制的です。

三浦　政府の人も、誰もイラクや中東に行きたいとは思っていない。

高村　思ってないですよ。イラクに行ってドンパチに参加することは法律上できない。後方支援については法律上はできる場合もあるかもしれませんが、安倍内閣は後方支援にも参加しない方針をとっています。

平和安全法制で、武力行使をする際の要件は、以下の三つです。

・我が国に対する武力攻撃が発生したこと、又は我が国と密接な関係にある他国に対する武力攻撃が発生し、これにより我が国の存立が脅かされ、国民の生命、自由及び幸福追求の権利が根底から覆される明白な危険があること。
・これを排除し、我が国の存立を全うし、国民を守るために他に適当な手段がないこと。
・必要最小限度の実力行使にとどまるべきこと。

イラクでのドンパチが、「我が国の存立が脅かされ、国民の生命、自由及び幸福追求の権利が根底から覆される明白な危険」と直結することは有り得ない。だから極めて強い縛りがかかっている。そのことをＮＨＫの討論会で言ったら、共産党の志位和夫さんがすぐに、「法律上は後方支援はありうるのだから、そこから戦争に巻き込まれる可能性はある」と反論していました。ただ、我が国がイラクでのドンパチ自体に参加できないことは、志位さんは他の野党の人と違って正確に理解しているようでした。

三浦　ＰＫＯのフィールドにいた伊勢崎賢治さんによると、東チモールではＰＫＯ部隊が現地の村を襲ったことがあるそうです。それはなぜかと言うと、ＰＫＯ部隊の人が首を掻き切られて惨殺されたから。復讐心は人間の性なので、ＰＫＯが本来の役割よりもう少し踏み込んだ役割をすると、現地の人から「敵」とみなされてしまう場合も生じる。伊勢崎さんは、そういう現場の経験を踏まえて平和安全法制には反対だったんですよね。

「国益」の縛りがあった方が軍隊の派遣は抑制的になる

三浦　ただ、その「巻き込まれ」が発生するようなミッションを政権がやるのか、という話です。この点は、安全保障を議論する戦後日本独特の「作法」に大きな誤解があると思っています。つまり、日本では安全保障の問題を、憲法上できるかできないかで論じてしまう。当たり前ですが、他の分野と同様に、安全保障にも、憲法上、あるいは法律上できるとしてもやるべきでないという政策判断の領域があるわけです。その政策判断が、コストの観点からなされる場合も、正義の観点からなされる場合もあるでしょう。そもそも国民がやりたくないミッションを政権がやるのか。当たり前ですが、自民党はあんまりやりやりたくないんじゃないですか？

高村　やりたくないですよ。できるだけ長く政権を続けたいんですから。

三浦　そうですよね。ただ、そこが難しい逆説でもあると思っています。国民がやりたくないミッションはやらないということは、反対に国民が求めるミッションはやりたがるという方向にも展開しますから。

南スーダンへの自衛隊施設部隊の派遣が始まったのは民主党政権の時ですが、政権与党である民主党には、「自衛隊の部隊派遣をやるべきだ」と当初から考えている方がかなりおられました。ところが、実際に派遣される陸上自衛隊の方が、性急な派遣に慎重な姿勢を見せた一方で、民主党の中では自衛隊員のリスクを問題にしない方がけっこうおられた印象があります。彼らは軍事問題をリアルに考えていないので、軍人の安全性という常にグレーである部分を「どれだけ白に近づけるか」という発想がないんですね。

軍隊の派遣についても、「民主主義の実現のため」とか「アメリカ、もしくは自分たちが協力しようとしている国の政権がリベラルだから」といった判断に基づくと、縛りがなくなってしまう。自分たちはアプリオリ（＝先天的）に抑制的だと思っているから、いざ自分が軍隊の派遣を決定しても、「これは抑制的な派遣である」と思いこんでしまうわけです。

他国の例ですが、例えば韓国では左派系のキム・デジュン政権が東チモールPKOで軍より部隊派遣に積極的でしたし、ノ・ムヒョン政権もイラクへの派遣に前のめりになっていた。むしろ「国益」という縛りがあったほうが、軍隊の派遣は抑制的になる印象があります。共産党の方はそこを理解しておられるけれども、民進党などの中道左派の人はどうでしょうか。民進党を中心にした左派連立政権ができると、逆説的に日本の平和主義のカルチャーが薄まる可能性があるとさえ思っています。

高村　その議論は、民進党が空想的平和主義と決別しないと成り立ちませんよ。そうじゃないと政権復帰もありえないですから。

三浦　そもそも統治能力として疑いがある、と。

高村　民主党が3年間という比較的短い期間で、統治能力に問題があることを国民の前に如実に示してくれたおかげで、自民党は少しぐらいへまをやっても政権が揺らぐことがない。その意味では自民党は助かったと言えますが、それが国民にとっていいことかどうかは別問題ですよね。

しかも民主党は、平和安全法制の審議の中で、3人の憲法学者の「違憲である」という説に乗ってしまった。これは刹那的には自民党に打撃を与えましたが、それ以上の大打撃を民主党、現在の民進党が受け続けている。私は基本的に二大政党論者だから、民進党にももうすこし立ち直って欲しいのですが。

個別的自衛権の拡大解釈が孕む危うさ

三浦　代替政党ということで言えば「維新」という選択肢もあるにはあると思いますが、彼らの平和安全法制の改正案の根っこは「個別的自衛権を拡大解釈すればカバーできる」という考え方で、私はこの発想は常々、危険を孕んでいると思っています。なぜなら、ほとんどの戦争は自衛から始まるからです。当時の維新の議論からは、個別的自衛権の拡大で戦争が起こってきた歴史をあんまり理解されていないのではないかと感じました。維新は、本質的に、反利権と地方自治を旗印とする政党なので、ひょっとすると、安全保障については政党として十分に煮詰まった認識を形成しているわけではないかもしれませんが。

維新の安全保障観とか、彼らの提示した選択肢はどういうふうに見てらっしゃいましたか？

高村　個別的自衛権の拡大解釈でいいと言うのでは、国会で答弁のしようがないでしょう。そもそも個別的自衛権や集団的自衛権は、国連憲章で認められた権利で、国際法的な定義がきっちりあります。個別的自衛権は、自国が軍事攻撃された時に反撃する権利です。でも、はっきり自分がやられたわけではないが、自国と密接な関係にある国が攻撃された時、自国の安全に深刻な影響が出ると考えてやり返した場合には集団的自衛権である、というのが国際法上の定義です。「集団的自衛権と言うと国民が嫌がるから個別的自衛権の拡大でいい」ということだとすると、単なる感情論に過ぎない。

三浦　なるほど。

高村　日本の安全保障論の中では、必ず憲法との関係で歯止めの議論があります。極東の範囲論争をはじめ、訓詁学的に見れば、地理的制約で歯止めをしてきた経緯がある。だから、平和安全法制の言う「我が国がどれだけ危ないか」という実態に基づいて判断するのは曖昧で歯止めにならないとの説が出てくる。これはかつて周辺事態法の時に「周辺」というういかにも地理的概念のような言葉を使ったことにも原因があります。「周辺」という言葉を使えば必ず「周辺というのはどこまでだ?」という議論になりますから、この言葉を使ったこと自体が立法技術上の間違いだった。当時、外務大臣だった私は、100回ぐらい「周辺は地理的概念じゃない」って繰り返す羽目になりました。

ちょっと余談になりますが、憲法審査会で意見を述べられた3人の憲法学者の1人が、テレビで「国際法なんてまだ野蛮な段階にあるんだから、個別的自衛権や集団的自衛権なんて日本の憲法に基づいて勝手に決めりゃいいんだ」とおっしゃっていて、びっくり仰天してしまいました。それはいくら何でも乱暴すぎる。

三浦　我が国は国際法をきちんと理解する伝統を守るべきだと私は思うし、アグレッシヨン（＝攻撃的戦争）についての定義は様々に試みられてるわけですから、「勝手に決めればいいんだ」というのは、さすがに納得できないですね。

東大の森肇志さんが『自衛権の基層』という素晴らしい本を出していますが、国際法の解釈論については学者もむしろ海外に発信するぐらいのつもりでないといけないと思います。そのためには、国際標準に堪え得る議論をしないといけないわけですが。戦後日本の、いわゆる平和主義者の方の議論は、維新案もそうですけど、発想が内向きなんですよね。

高村　維新の人とは衆議院の法案修正協議を行ったのですが、彼らに言わせると、「武力行使要件の『国民の生命、自由及び幸福追求の権利が根底から覆される』なんてのは曖昧だから、国民にわかりやすいように地理的に線を引け」となる。「高村さんの言ってることは正しいかもしれないが、アンケート調査をすると国民に理解されていない。

われわれの案なら理解される。だからわれわれの案に従うべきだ」とのことでした。

私は、「国民に理解されていないのは、野党の人たちが『集団的自衛権を認めれば徴兵制になる』などとデマを飛ばしたからである。戦場に素人を無理やり連れていっても足手まといになるだけだから徴兵制になんかなりっこない。もし後にそういう内閣が出てきたらすぐにつぶれる。軍事的にも政治的にも合理性がない」って言いましたけど。その維新の人は「自分達（維新）は徴兵制なんて言っていません」と言っていましたが、今は民進党に入ってますから、民進党の中で総括してもらいたいな。

トランプの「安保ただ乗り論」

三浦　確かに野党が徴兵制を煽るようなビラを撒いたりしたことは大きかったと思います。数で劣勢の野党が国民の恐怖心を煽る方向に行ってしまったのは日本の議会政治の一つの汚点であるとすら思いますね。他方で、与党の側が国民にわかってもらうために何ができたのだろうかということを、私はいろいろ考えていたんです。

日本の国民は根本的に安全保障の変化を望まないし、もっと言えば戦前だって徴兵制は国民に極めて不人気でした。そういう受動的な国民性を考えた時に、「今のままではアメリカとの同盟が持ちません。今回の平和安全法制は同盟の論理的帰結です」と言って、アメリカの撤退の懸念をしっかりと国民に伝えることはできなかったのだろうか、と思うんです。「その議論はしない」という選択を党内ではしたんですか。それとも議論そのものが出てこなかったんでしょうか。

高村　私は講演では必ず安保ただ乗り論にもふれていましたし、「巻き込まれる危険よりも見捨てられる危険の方が大きい」というようなことは一応言いましたが、国会審議ではそういう議論はあまりされなかったですね。ドナルド・トランプさんが「アメリカは日本を守るが日本はアメリカを守らない。こんな不公平なことがあるか。守ってやってもいいけど、だったら費用は全部出せ」と言っていましたが、これは80年代終わりに出てきた「安保ただ乗り論」とまったく同じ議論です。トランプさんが支持を得ているのは、80年代からこのかた、そうした議論が底流でずっとあったからです。

ただ、この議論を日本で使うとなると、いろいろと面倒な問題が出てしまう。三浦さんは80年代の終わりはテレビは見てないですか。

三浦　私、１９８０年生まれなんです。

高村　冷戦末期、アメリカの上院議員がハンマーでトヨタの車をぶち壊していた。

三浦　生では見てないですけど、のちに教科書にも載っていた現象として理解しています。

高村　当時ソ連はもう弱くなっていましたから、「アメリカの脅威は安保にただ乗りして自動車や家電を洪水のように輸出してくる日本である」という議論が一定の説得力を持ってしまった。

私はその頃防衛政務次官で、「ミスター防衛庁」と言われた西広整輝さんが事務次官でした。その西広さんに「ちょっとアメリカの基地でも視察してきたらどうですか」と言われて、当時は異例のことだったけれど、アメリカの基地を視察させてもらったんです。その時に私を案内してくれた軍人は、多分中佐か大佐ぐらいの人だったと思います。彼に「安保ただ乗り論はどう思うか」って聞いたら、吐き捨てるみたいに「ワシントンのやつらは何もわかってない。自分は沖縄にいたことがあるが、独立国の中に基地を置くということがどれだけ大変なことか」と言ったんですよ。

アメリカの軍人って健全だなと思いましたね。この話は外務大臣になった時、駐留軍経費の問題でアメリカと交渉する時などに使わせてもらいましたが、日本の聴衆相手の講演では使ったことはありません。「ヤンキー・ゴー・ホーム」とか「基地はいらない」っていう人が沢山いる中で、そんなことを言ったら変な風に利用されかねないですから。

三浦　トランプは外交演説で、「冷戦後の米国外交は、どういう秩序を作りたいのか定義しきれず、行きあたりばったりだった」と述べています。共和党の人たちは、クリントン時代の8年間も民主党に政権を取られ、ようやくブッシュ政権で自分たちの外交の絵を描けると思ったら9・11が起きて、自分たちもイラク戦争になだれ込んでしまった。本当はもっとフリーハンドで、あるべき国際秩序の絵を描きたかったのかも知れない。だから、日本の防衛などの負荷としか見えていないものについては、なるべくフリーハンドでいたいという発想があるんだと思うんですよね。これはトランプが特殊だとかバカだとかいう話とは別に、高村さんがおっしゃったように、ずっとアメリカの底流にフラストレーションとしてあったのかも知れません。

仮にトランプ発言が1年早く出ていたら、安保法制をめぐる論議ももっとスムーズに進んだと思いますか？

高村　日本国民の大多数を占めるリベラルな中間層で、「憲法学者は違憲と言っているから廃案だ」という野党の主張になんとなく共感していた人たちの一部に対しては、

「ああ、米国にそれ相応の協力をしないと同盟は危ういのだな」と、追い風にはなったでしょうね。

三浦　自民党の支持層の中で、「何も変えなくていいのに」と思っていた人は相当程度動いただろうと思います。ただ同時に、トランプの出現によってアメリカに見捨てられる懸念が高まったことで、「抑止は悪だ」という議論がまた盛り上がっただろうという気もします。

高村　どういうことですか。

三浦　「抑止」という言葉がちょっと安易に使われすぎたきらいがあると思っているんです。安全保障は確率の議論という言い方をされましたが、抑止という概念には核抑止もあれば通常兵器でするそれもある。経済の相互依存や人的な交流による誘導と合わせて総合的に使うべきという発想もあって多様な広がりをもつ概念なのに、それをある種のブラックボックスというか議論を封じるための印籠に使ってしまった感がある。

平和安全法制について、反対意見を持っている人たちにしてみれば、「抑止」と言われた時点で専門家しか意見を言うのが許されない雰囲気で、そもそも面白くない。加えて、戦後の日本では、アメリカの調子が悪い時の方が反米的な気運が高まってくるという傾向があります。ベトナムで苦戦している、金融危機でアメリカ経済はどん底だ、イラク戦争で落ち目だという時などに、「戦後のアメリカ依存の枠組みから自由に考えてみよう」という気配が出てきます。左派ナショナリズムとでも言いますか。

するとと、「そもそも抑止論に乗らなくても、東アジアの中で別の選択肢もあるんじゃないか」と考える気運が出てくる。中国寄りとまでは言えないかも知れませんが、冷戦時代の非武装中立論の孫みたいな議論が出てくる。

高村　どんな状況に直面するにせよ、アメリカが世界一であることは当分変わらないんだけど……。ただ、圧倒的に強いアメリカなら、「日本はおんぶにだっこでいい。基地さえ提供してくれれば何でもやってあげる」と考えてくれた。しかし、経済も沈滞気味で軍事費も嵩む時には、おんぶはいいけどだっこは勘弁して、くらいな感じになる。

三浦　そうですね。

高村　我々のような現実的平和主義者は、そういう時にこそ、「じゃあ日本はどこまでやるか」ということを考えるわけです。「なんで日本がアメリカの肩代わりをしなきゃいけないんだ！」と怒る人がいるけれど、話は逆で、いままでアメリカが肩代わりしてくれていた部分をどれだけ自分たちでやるか、ということなんです。この議論、今の若い人たちはわりと分かってくれるんだけど。

ＳＥＡＬＤｓの学生は「日本のいい子」

高村　私は安保法制反対のデモをやっていたＳＥＡＬＤｓは嫌いじゃないですよ。デモも政治的表現の一つです。ただ、安易にＳＥＡＬＤｓと組もうとする政党や、彼らを無理やりにヒーローに育て上げようとするマスコミはどうかと思う。

三浦　ＳＥＡＬＤｓの幹部の方とはテレビで何度か共演したことがあります。私は大学でも教えているのですが、イメージで言うと彼らは「よくできる大学生」という感じでした。非常に真面目で、世の中についても考えたいと思っている。でも日常のことで忙しくて暇がないから、わりと軽めの本しか読んでいないし、突き詰めて物事を考えるほどの厳しさを経ていない。

ＳＥＡＬＤｓの大きな支部、たとえば広島あたりで演説をしているのは、典型的な「日本のいい子」なのかもしれない。沖縄や広島では、反戦的なスピーチをすることは先生に喜んでもらえることであり、作文で賞をもらえたりするものでもある。だから、スピーチは権力に反発するというより、「教育」の成果というか、ある種の型をなぞったものになるわけです。なので、ＳＥＡＬＤｓが反権力の勢力だっていうのは、日本社会全体の枠組みに置くと、必ずしも正しくない。

高村　日本のいい子たちを、悪い大人たちが利用していた、と（笑）。まあ、悪い大人というより、自意識としては「自分は無謬のいい大人である」と考えている人たちかもしれないけれど。

三浦　高村先生はピンと来ないかもしれないですが、「抑止力を固めれば固めるほど、周辺を刺激して、かえって緊張が高まるのだ」という「抑止力の罠」の議論が、ＳＥＡＬＤｓの周辺ではずいぶんありました。つまり、こっちはガードを固めているつもりだけれど、そんなにガードを固めたら向こうが気を悪くする。見ろ、実際に中国も韓国もあんなに怒ってるじゃないか、と。

高村　実は私は日中友好議員連盟の会長なんですが、中国の人から面と向かって「平和安全法制はけしからん！」って言われたことは一度もないですよ。

三浦　日米同盟の存在は、彼らは織り込み済みですからね。

高村　中国の軍事力は27年間で41倍になっています。彼らからすれば、「何でそんなに増えているんだ。理由を明らかにしろ！」と逆に聞かれたら困りますから、そういう議論を面と向かってしたくない。中国の軍事費は10年前には日本と同じぐらいでしたが、今は日本の3倍で、おそらくこれからも日本よりずっと高い伸び率で増えていくでしょう。かといって、財政制約のある日本が中国に対抗して軍事費を伸ばそうとしたらギリシャになっちゃいます。だから、一番合理的で、安上がりで、穏健な方法は、日米同盟を固めることなんです。

まあ、中国とアメリカの軍人同士が昔、「日米同盟は瓶のフタで、日本の軍事力を強めないための仕組みだ」と意気投合したなんて話もありましたから、日本人にとって不愉快な話ではありますが、逆に言えば日米同盟の強化が必ず中国を刺激する、というほど単純な話でもないとも言えるわけです。

ＰＫＯの時も、「自衛隊を派遣すると近隣諸国が心配する」ってものすごく言われたんですよ。ただ、ＰＫＯ法が通った時に、新華社がこういうふうに伝えたのを私は覚えています。「日本は国際貢献のために自衛隊を海外に派遣する法律を極めて抑制的な形で成立させた」と。「中国人が怒る」という日本人には、実態を見てほしいですね。

三浦　中国やインドやパキスタンのような人口大国は、ＰＫＯに自国の軍隊を出すことで、予算を節減できるとか練度を高めるというメリットもあります。でも、そこまで人口の多くない先進国が、そもそも大量の戦闘部隊を派遣しようというインセンティブはあまりないですよね。

高村　ない。より穏健な形で、国民の支持が得られる範囲でしか出せません。

「中国の脅威」はどの程度なのか

三浦　ちょっと中国の話に戻りますが、日本の中国に対する脅威認識は、日本の中で煽られ過ぎだと思いますか。それとも逆に、もうすこし脅威だという認識を強く持つべきだと思われますか。

高村　私がかつて習った伝統的な脅威概念では、「侵略能力、侵略意図が共にある場合、それは脅威と言う」としていました。いま安倍総理と習近平主席の間で戦略的互恵関係、つまり日中のウィンウィンの関係を作ろうとしていますから、いまの中国に侵略意図があるなんてことはないでしょう。「尖閣は中国固有の領土である」と主張しているのは昔からですよね。最近変わってきたのは、暗黙のうちに認めていた日本の実効支配に挑戦し始めたという点です。
三浦　短期的な情勢認識はそのとおりと思います。長期的な認識はまた別ですけど。私自身は、現在の論壇やメディアの常識的な対中認識からすると、短期的にはより楽観的、長期的にはより悲観的です。
高村　伝統的脅威概念から言うと、われわれが意識しておかなきゃいけないのは、能力を作るには長年かかるけれども意図は一瞬にして変わり得るということです。けれど、外交に影響する立場の人間が相手を脅威だと言うと、向こうもこちらを脅威だと言い、それが煽られて脅威が大きくなってしまう懸念がある。だから、脅威という言葉は、私のような立場の人間はあまり使うべきではないんです。
　ただ、懸念があることは事実ですよね。強すぎる中国と、仮に日米同盟がなくなった日本という環境が東アジアに生じれば、中国の指導者、もしくは中国軍が国策を誤る可能性はあり得る。そういう意味では、日米同盟を堅固にしておくことが必要です。
三浦　この前国際会議で、東アジアに関心があるアメリカの学者たちと話をしてきました。その場で、ある若い世代の人がいきなり、「抑止力が揺らいでいる。だから日本は防衛費を増やせ」とかなり劇的な言い方をしていたのが印象的でした。

アメリカがいなくなったら、中国はもちろん尖閣を取りに来る。ただ、尖閣が本当に核抑止の対象となるのかは、眉唾の感がある。じゃあ通常戦力での抑止の対象かと言うと、おそらくそうであろう、と。だから、日本はもっと防衛費を増やすべきだ、という話になるわけです。

中国は南シナ海や東シナ海で、サラミを薄く切るように少しずつ勢力を拡張させ、既成事実を積み重ねていく「サラミスライス戦略」をとっていますが、新世代のアメリカの専門家や、日本の一部の専門家は通常戦力での抑止で何でもできると思い始めすぎてしまったのかもしれません。安全保障において、過剰に戦略論や技術論に拠っていくとバランスを欠いた議論になってしまいます。お話を伺っていると、どうも高村先生はかなり抑制的で、悲観的で、現実的という印象を持ちます。高村先生は、原理原則論でこの戦略はどんな場合にも効きますということを、ゼロイチでおっしゃっていない。

高村　さっき安全保障というのは可能性のゲームだと言いましたが、ありうべき攻撃とそれへの対応のシナリオは、我々の頭の中で考えておかなきゃいけません。ただ、それをあんまり明らかにするわけにはいきませんが。

いま民進党にいるある政治家が、「平和安全法制を通したって、その後も尖閣諸島の領海に中国船がどんどん入ってきている。これは抑止力が強まっていない証拠だ。だからあれは役に立たなかった」と言っていてびっくりしたことがあります。「役に立たなかったのなら役に立つようにもっと抑止力を強くしろ」というのが当たり前だと思いますが。

三浦　自民党のそうした抑制的な考え方が、世間には充分に伝わっていないところがあると思うんですよ。さきほど、自分たちが抑制的であると考えている左派政権の方が軍事力行使のハードルが低いんじゃないかという逆説を申し上げましたが、そこは軍事問題をリアルに考えてこなかった「平和ボケ」の影響なのでしょうか。

高村　もう一つ逆説的なことを言えば、近年で日中関係が一番悪くなったのは安倍晋三政権の時じゃありません。漁船衝突事件があった菅直人政権の時です。あの時は日本の企業が焼き打ちされたりしました。当時、民主党の大臣は、「我々はその時点その時点に正しいことをしているんだ」と言っていました。入ってきたから捕まえるのは当たり前。勾留するのも当たり前。調べが終わってないから勾留を延長するのも当たり前。それで圧力がかかったから、日中関係を考えて釈放。最初から向こう1か月くらいに起こることを見通さなきゃ駄目ですよ。

三浦　そのとおりですね。

高村　企業が焼き打ちされて、フジタの社員が人質同然に捕まって、それでようやく釈放したわけです。

三浦　当時、野党として自民党内はどういう雰囲気だったんですか。

高村　その頃、福田康夫さんと何かの会合で会ったんですよ。「福田官房長官だったら逮捕してすぐ強制送還ですよね」って言ったら、ちょっと考えて、「僕だったらそもそもぶつからせなかったかもしれないね」とおっしゃっていました。

加えて民主党政権は、野田佳彦内閣の時に尖閣を国有化した。それ自体は悪いことじゃありません。しかし、中国側に間違ったメッセージを与えてしまったのも事実です。日本側から中国側に「胡錦濤主席が野田首相に直接話せば国有化はストップします」というがごときメッセージが伝えられたにもかかわらず、胡―野田会談の直後に国有化してしまった。胡錦濤主席は顔を潰された形になりましたから。

三浦　私も「日本は中国にわざと嫌がらせしたのか」と思いました。

高村　中国は余計にそう思うでしょう。そこには日本政府の中での統治の問題があって、やはり内閣の中がばらばらだったんですよ。外交の現場では、お互いがそれぞれの沽券にかけて主張しあう。その中で、ここは絶対譲らないなとか、ここは行けそうだというところをお互いに見抜きあっていく。それぞれが国民感情に基づいた「正義」を貫き通したら、世界中が戦争だらけになってしまいます。

私も外務大臣の時、熱心な支持者から「高村さん、中国なんかガツンとやってくださいよ」なんて言われたものです（笑）。国民感情とはそういうものなんです。そりゃどこの国に対してだって、ガツンとやれれば気持ちいいですが、気持ちよくなるために外交をやってるわけではないですから。平和と安全をまず第一に考えて、国益を考えて、自国の国民感情を考えて、最後には相手の国民感情まで考えないといけない。国民感情が悪くなると、一朝一夕には直らないですから。

三浦　そうですね、日常的な経済的利益に基づいて動いてくれれば、選挙民は経済的相互依存による利益のほうを選ぶわけですよね。でも領土をめぐるナショナリズムには、何か間違った利益の幻想がつきまとってしまう。

尊重すべき「砂川判決」の法理

高村　政治で大切なのは、「国民による政治」と「国民のための政治」です。幸いなことに、日本は間接民主制です。私は間接民主制のほうが国民のための政治ができると考えています。なんでも国民投票で決するようになったら政策が整合的にならない。税金は安いほうがいいし、福祉は高いほうがいい。国民感情としてはそれは当たり前ですが、政治家は財政の制約も同時に考えなければならないので。

それともう一つ、一時的な国民世論を考えたら反対者のほうが多くても、長期的に国民のためになると信じたらやらなければならないことがある。平和安全法制などはその最たるものです。ただ、世論受けしない政策によって選挙に負けたりしたら、それこそ整合性のない政策を連発する政権によって国民がもっと悲惨なことになりかねないから、国民の理解はできるだけ得られるように努力します。

ありがたいことに、野党が「平和安全法制廃止法案」なるものを出した時に、「平和安全法制廃止法案に賛成ですか」という世論調査をすると、私が見た限りすべての世論調査は「廃止法案に反対」が多かったんですよ。それで、ＮＨＫのテレビに出た時、「すべての世論調査で法案廃止に反対の方が多い」と言ったら、志位さんが「いや、そうでないのもありますよ」って言ってました。あの人はあんまり嘘はつかないから、どこかに一つくらいはそういう世論調査があったのかもしれませんが。

三浦　質問に、「憲法違反の疑いが濃いけれども」みたいな前置きをしたりすると、多少は、結果も違っていたかも知れませんが、どうでしょうね。もちろん、経済政策その他の面で野党が頼りないという面はあるでしょうが、平和安全法制が通った後の国政選挙でも与党が勝ち続けているというのは、国民が常識のレベルで判断をしているということなのだと思います。国民は、戦後日本の憲法論が一定の誤魔化しの下に成立していることを見抜いている。見抜いた上で、政策変更によって導かれる変化の現実を見て判断をしていると。

高村　平和安全法制をめぐって面白かったのは、法案に対して「憲法違反である」というストレートな批判ではなくて、「立憲主義に反する」という言われ方をしていたことです。自衛隊は憲法違反であると言い続けて国民の常識から離れちゃったから、「これは立憲主義に反する」という新しい言い方をしたのかな、と思っていましたが。

三浦　法案に反対する側は、数の論理で勝っていても十分に「民主的じゃない」ということを言うためのロジックとして言っているだけだと思いますが。

高村　憲法違反と言っても同じなんですよね。

私は、安全保障問題で「憲法違反である」という議論が起こるたびに、1959年に最高裁判所が下したいわゆる「砂川判決」に立ち返ることにしています。「砂川判決」では、憲法前文の「平和的生存権」を引いて、憲法9条の第2項にもかかわらず、「自国の平和と安全を維持しその存立を全うするために必要な自衛のための措置をとり得ることは、国家固有の権能の行使」とはっきりと言っています（憲法9条第1項　日本国民は、正義と秩序を基調とする国際平和を誠実に希求し、国権の発動たる戦争と、武力による威嚇又は武力の行使は、国際紛争を解決する手段としては、永久にこれを放棄する。第2項　前項の目的を達するため、陸海空軍その他の戦力は、これを保持しない。国の交戦権は、これを認めない）。これは最高裁判事15人が大法廷で一致して下した判決です。だから国の「存立を全うするために必要な自衛のための措置」に何が入るかは、その時の安全保障環境によって、日本国政府が判断することに何の問題もない。国家統治の基本に関する高度な政治性を有する国家の行為については、一義的には国会と内閣に任せるべきとする「統治行為論」が判決理由自体に書かれている。

しかも、この判決には「国際連合憲章がすべての国が個別的および集団的自衛の固有の権利を有することを承認している」ともはっきり書いてある。砂川判決の論理から言ったら、私の言っていることは否定できないはずなんです。それをむりやり否定するために、「当時の裁判官の頭の中には個別的自衛権はあったけれども集団的自衛権はなかった」なんて言う人もいますが、判決文の中にはちゃんと集団的自衛権にも言及されている。書いてあるのに「当時の裁判官の頭の中には集団的自衛権なんてなかった」と言うのは、判決を読まずの批判としか思えない。私がそういうことをあちこちで言ったものだから、反対派はけっこう割れていましたね。

憲法の番人は、違憲立法審査権のある最高裁であって、憲法学者じゃない。私は「100の学説よりも一つの最高裁判決」って言ってきましたから、憲法学者はずいぶん気に障ったみたいですが。

三浦　私は政治学者なので、安保法制のような安全保障問題については統治行為論は必要だと思っています。成文憲法でガチガチに政府のできることを書き出しているタイプの国か、それともコモンロー的な国かで、条文の解釈の仕方も変わってくるでしょうし、問題が生じたらそれぞれの国情にしたがって統治行為論で切り抜ければいい。だから今の高村さんのご説明は、私には何も問題はありません。

ただ、日本のようにかなり縛りのきつい憲法を持ち、いまだに9条2項を戴いている国が、アクロバティックな法律解釈を積み上げてなんとか辻褄を合わせている状態が健全であるかと言えば、そうは言えない。その意味で、安保法制に反対した側が感じていたであろう釈然としない気持ちも分かります。

訴訟が起これば最高裁としては当然、「違憲じゃありません」と言わざるを得ないわけですから、日本は伝統的に統治行為の幅を狭くしておかないといけない法律の国なんですよね。政治家からすると、面倒くさいことこの上ない。例えば緊急事態の対処一つにしても、膨大な法的プロセスが必要になる。でもやっぱりそうせざるを得ない文化であり、法体系の国なわけです。

安保法制については、最終的には武力行使の新三要件（27頁参照）を定めたことによって、現在の一般的な国際法理解とも整合していると思います。私は、安全保障を合憲か違憲かという観点に引き付けて語ることそのものに違和感がありますが、政策としての妥当性は十分あると思っています。

私は、戦後これまでの憲法解釈の積み上げ方式にある種の不健全さを見ているので、そもそも憲法9条2項は削除すべきと主張してきました。憲法改正を伴う政策変更が望ましいし、すっきりすると思います。

もともと「限定容認派」だった安倍総理

高村　じゃあ、ちょっと角度を変えて、なぜ安保法制が今のような結論に行き着いたかを少しお話ししておきましょう。

この問題について、私が安倍さんの考えを確認したのは、自民党が野党の時なんです。谷垣禎一総裁の時代に「憲法調査会」という会合が開かれて、そこで9条の問題になりました。その時に、国防族の人たちから「今の憲法の条文でも集団的自衛権は認められてしかるべきだ」という意見が多く出ましたし、同じ国防族でも中谷元さんなんかからは「集団的自衛権を認める場合はやはり憲法改正が必要になる」という意見も出た。この辺の議論がオープンで、百家争鳴なのが自民党のいいところです。

そこで私は、おおむねこんな話をしました。

「最高裁は、国の存立を全うするための自衛の措置は認められるという判決を出している。今までの政府見解も、法理の部分はこの最高裁判決を引き継いでいる。ただし、これまでの安全保障環境に当てはめて、政府は『個別的自衛権は必要であるが集団的自衛権は必要ないから出来ない』ということで通してきた。しかし、砂川判決の判決文では集団的自衛権も排除していないのだから、安全保障環境が変わって集団的自衛権の一部が国の存立のために必要だということになれば、その限りで集団的自衛権の行使が容認される。ただ、集団的自衛権をまるごと認めようというのであれば、やっぱり憲法改正が必要だ」

そうしたら驚いたことに、当時は元総理の安倍さんが、「高村さんの理論はわかりやすいですね。根っこから集団的自衛権を認める場合は憲法改正だが、必要最小限度なら解釈変更でできるっていうことですね」と言ったんです。第一次安倍政権の時に安保法制懇談会があり、私は審議の流れを追っていたわけではありませんが、報道で見る限り安倍さんは「根っこから」派だと思っていましたから。

政権を奪回して安倍さんがまた安保法制懇を始めてから、その事務局を務めておられた内閣官房副長官補の兼原信克さん、高見澤将林さんが時々、私のところに報告に来てくれました。私の持論を伝えた上で、「安倍さんも同じ意見だよ」ということはお2人に言いました。高見澤さんは最初からある程度納得していたみたいですが、兼原さんはどうかな。彼は外務省の条約局（現国際法局）の局長だった人ですが、条約局は「根っこから」派が多かったんですよ。

三浦　分かります。国際社会で一般的な国際法理解に基づけば、「根っこから」論になるというのが普通ですから。

高村　私がね、「根っこから」の条約優位論や芦田修正論（憲法9条第2項は、第1項において、武力による威嚇や武力の行使を「国際紛争を解決する手段」として放棄すると定めたことを受け、「前項の目的を達するため」に戦力を保持しないと定めている。したがって、我が国が当事国である国際紛争を解決するための武力による威嚇や武力の行使に用いる戦力の保持は禁止されているが、それ以外の、すなわち個別的又は集団的を問わず自衛のための実力の保持や、いわゆる国際貢献のための実力の保持は禁止されていないとする考え方）を取らない最大の理由は、最高裁が取っていないからです。だから最高裁が取っている範囲でやろうと言った。立憲主義的でしょ？

三浦　そうですね。

高村　その後、内閣法制局長官になるために小松一郎駐仏大使が帰ってこられて、すぐ私のところに挨拶に来た。小松さんは条約局のドンですから、「根っこから」派かなと思っていたんですが、「我が国の存立を全うし、国民を守るため、という限定つきでもいいか」と聞いたら、「ええ、憲法がありますから」との返事でした。これで少なくとも内閣のほうは大丈夫だと思った。

この頃、予算委員会だったと思いますが、民主党の岡田克也さんが安倍さんに「集団的自衛権を十把一絡げにすべて認めるのはおかしい」と質問しているんですよ。私はその1週間か10日前に、「集団的自衛権を十把一絡げにすべて否定するのはおかしい」と言っていて、これがマスコミに報道されていた。

三浦　なるほど。そういう前段があったのですね。そのあたりは、政党政治ならではの噛み合った鞘当てとも言えそうですね。

高村　それで「十把一絡げにすべて」と言う言い方をしたから、「岡田さんも限定的容認なんだな」と私は勝手に思ったんです。その時の様子はテレビで見ていましたが、安倍さんは非常に慎重に答えていて、「十把一絡げにすべて」なんてことは当然言っていません。むしろその当時から限定的容認の立場だったと思いますが、安保法制懇で話し合っている最中だったので、議論をリードしてしまうような明確な方向性については言いにくい。

ところが、翌日の新聞の朝刊には「安倍総理前のめり」って出たわけです。私みたいにテレビの国会中継を見ていた人間は、安倍総理が全然前のめりじゃなかったことは分かるんですが、その直後の自民党総務会では「前のめりなのはおかしい」という批判が出ていました。

高村説、自民党を平定す

高村　私は総務会には自民党副総裁として出席していましたが、党総務じゃないのでなるべく発言しないようにしています。それでも一つだけ黙って聞いているわけにはいかなかったことがある。それは、私に言わせれば「理路整然と間違っている意見」なんですが、集団的自衛権に反対の立場の人が、「立憲主義では憲法が権力を縛っている。それを制度的に担保するために三権分立を取り、最高裁を憲法の番人として定めた。それなのに、一内閣が今までの解釈を変更するのはおかしい」と。

三浦　……最後、論理の飛躍がありましたね。

高村　ですよね。その瞬間に私の頭が整理された。そこで、私はこう言いました。立憲主義は権力を縛るというのはそのとおりだ。制度的担保として三権分立を取ったというのもそのとおりだ。憲法の番人が最高裁であることもそのとおりだ。では、その憲法の番人である最高裁は何と言っているのか。国の「存立を全うするために必要な自衛のための措置をとり得る」と言っていて、そこに個別も集団も区別つけていない。だから、その範囲内でなら政府解釈を変更することはできる。前の内閣の解釈が後の内閣の解釈も縛るなどという理屈は、立憲主義とは何の関係もない、と。

私が総務会で言ったのは3〜4分でしたが、会が終わったら、「前のめりになるな」って言ってた人も含めて6、7人の議員が私のところに来て、「あれで勝負ありましたね」って言ってくれました。そんな簡単に勝負あっていいものかなとも思ったけれど。

三浦　確かに前例踏襲主義は立憲主義とはまったく別のものですね。

高村　そんなことがあって、私は安倍総理から、連立を組む公明党との交渉をやってくれと言われました。自民党内をまとめるのは石破幹事長です。党内にできた安全保障法制整備推進本部では、本部長が石破さん、事務総長が中谷さんで、私は顧問ということになった。3月だったと思いますが、その第1回会議を開くにあたり、石破さんと中谷さんから私に講師をやってくれという依頼がありました。そこでは今の話をもうちょっと詳しくやりました。

150人ぐらいは出席したでしょうか。自民党の一番大きな会議室が満員になり、質問もたくさん出ましたが、正面から反対する意見は一つも出ませんでした。その会議を取材した、平和安全法制に反対していた某新聞は「高村が自民党を平定した」って書いていました。人伝に聞くと、石破さんもその後「俺も今や高村説だ」と言っていたそうです。

三浦　根っこから変える説じゃなくなった、と。

高村　「でもどうも腑に落ちない」とも言っていた、と伝えてくれた人もいましたが（笑）。

三浦　石破さんが防衛大臣をおやりになりたくないっておっしゃったのは、そのことも関係しているのでしょうか。

高村　マスコミの取材で、「やらない」って言ったのは私が先なんですが、その後に石破さんが「総理の考えに近い人がやるほうがいい」って言ったのは、「高村がやれ」というメッセージだったのかもしれません。でも、私は石破さんが一番いいと思っていました。集団的自衛権の話だけだったら私のほうが適任かも知れませんが、自衛隊を動かすことに関しては彼のほうがプロですから。

三浦　石破さんは次に総理の座を狙いに行く時に、過去の自分の答弁に縛られたくないと思われたのかな、と感じました。総理になったら、「根っこから」と考えているかも知れませんし。

高村　それはわかりません、政治家同士は案外、そういうことは聞かないんですよ。

石破さんは、いわゆる芦田修正論だったんです。そういう立場に立って、国会でも過去に発言している。

三浦　お話を伺っていると、自民党での議論は非常に現実的かつ抑制的だと思うんですが、それが世間にはまったく伝わっていないですね。これはマスコミの責任もありますけれど、いくつか原因があって、そもそも法の解釈というテーマ自体が難しすぎるというのが一つ。もう一つは、湾岸に行く行かないみたいな話で、やはり総理の答弁がうまくなかった。「湾岸から石油が入ってこなくなったら、日本の生命財産幸福追求権が根底から覆されるということが、まったく否定できるわけではない」と。つまり、原理上はそういうことはあり得るよね、という答弁をなさいましたが、あれが反対派にはいちばんありがたかった。

高村　原理上は否定できないけれど現実的には想定できない、という話でしたが、反対派にとっては宣伝しやすいネタになってしまったんでしょうね。

25回にもわたった公明党との協議

三浦　次に公明党との協議の様子をお聞かせ頂けますか。

高村　公明党とは、直接の話し合いに入る前にマスコミを通じた空中戦があるんですよ。山口那津男代表が、「砂川判決は集団的自衛権があるとまでは言っていないと思います」という発言をしていました。それに対して私は、「山口さんは、国の存立を全うするために必要な自衛のための措置、今の安全保障環境に基づいて必要な自衛の措置のうちに、集団的自衛権と言わざるを得ないものがあっても、集団的自衛権と名前が付くだけでだめだと言っているわけではないと思います」と、こう言ったんですよ。

三浦　なかなかアタマの中に入ってきにくい言い回しですね。

高村　なにしろ法律家同士の空中戦ですから。私も山口さんも弁護士ですし。
　その次に、こちらも弁護士である公明党の北側一雄さんが、「高村さんは、砂川判決を金科玉条として集団的自衛権が認められると言っているのではないと思います。砂川判決は集団的自衛権を排除していないと言ってるだけだと思います」と言ったんですよ。

私は、「しめた。これなら話し合いはできる」と思いました。

それからは、「砂川判決があるから集団的自衛権は認められている」という直截な言い方をやめて、「砂川判決の一般法理と、現在の安全保障環境の中で必要な自衛の措置の中に集団的自衛権と言わざるを得ないものがあること、あわせて一本でその限りで集団的自衛権が認められる」という言い方に変えました。話し合いが始まる前後の頃に、山口さんが「憲法9条の規範性と、従来の政府解釈との論理的整合性、そして法的安定性を兼ね備えたものでなければいけない」とおっしゃった。法律家らしい言い方ですが、これもマスコミを通じた空中戦です。

自民党の中では当時、「こんな難しいことを言われたら無理だ」という意見が多かったんですが、私は「いや、そんなことはない。これは私に対する応援の弁だ」って言っていました。法律家同士ならわかるんです。「憲法9条の規範性」というなら砂川判決の論理でいい。論理的整合性は、私から言わせれば、今までの政府の法理は砂川判決の法理をそのまま継いでいるんだから、それでいいわけです。その論理的整合性を保ったまま、今の安全保障環境に備えて、その当てはめ部分を変えるだけ。これなら法的安定性もある。

自民・公明の2党間協議というのは、25回行われているんですよ。

三浦　すごい回数ですね。

高村　自民党の安全保障本部の会合も27回行われている。幹部会を入れればその倍以上やっています。私が知っている限り、こんなに手間をかけた法案は他にありません。

　北側さんは非常に勉強家で、今までの政府答弁の中に、集団的自衛権での対処が想定されているケースでも個別的自衛権で対処可能と読めるようなものがちょっとあるんですよ。そういうのを見つけてくる。「でも読めないものもあるよね」っていうことがお互いの共通認識になった後で、彼の反撃が始まりました。

「高村さんが政府解釈の法理と言ってるのはどこまでですか」と。砂川判決からそのまま引いてきた「国の存立を全うするために必要な自衛のための措置」というところと、その後に「国民の生命、自由及び幸福追求の権利が根底から覆される」云々のところまで法理ですよね、と確認してきた。

　前もって内閣の事務方に、具体的に条文を書いてもらっていました。でも最初に上がってきた条文には、現在の法案にあるような「国民の生命、自由及び幸福追求の権利が根底から覆される」云々は入っていなかった。これは総理も入った会議で、「根底から覆される」っていう表現はちょっと強すぎるんじゃないかという意見が出て、なくなったらしいんですが。

北側さんには、「高村さんの法理は、『国の存立を全うするために必要な自衛のための措置』や『国民の生命、自由及び幸福追求の権利が根底から覆される』という条件も含めてのはずですよね。だったらそこまで書いてください」と言われました。そこで、「言っていることはわかるけれど、これは総理も入って固めた文言だ。それを直すとなれば、『そうすれば公明党がまとまる』と言えれば説得もしやすい」と伝えました。

北側さんは、「これを飲んでもらったからと言って公明党がまとまるというような生やさしい状況ではない。しかし、ここさえ飲んでくれれば自分は納得して、公明党をまとめるように努力する」と言ってくれました。北側さんのように慎重な人がそれだけ言うなら、公明党もまとめられるな、と思いました。

それで翌日、総理のところへ行って、北側さんが言ったとおりの言葉を伝えました。これを飲んでくれれば北側さんご自身が納得して、公明党を説得するために最大限の努力をする、と。安倍総理も「分かりました」とおっしゃって、だいたいそのとおりになったんです。

「安全保障環境の変化」は理解されにくい

三浦　気になるのは、なぜこの時に、これだけの制約をかけてでもやろうとしたのかということです。自民党が憲法改正を目指していることとも関係しているのかもしれませんが、ここまで限定的な条件をつけてでも、今やったほうがよかったということですか。

高村　やったほうがいいですね。日本の近海を守るために動いている米軍の艦船を守ることはもちろん、適切な自衛措置を取るためにも。やっぱりそれは、日本人の命と暮らしを守るために必要なんです。必要だし、当面はそれで充分であると判断しました。

三浦　絶対に2015年に通そう、とお考えだったわけですか。

高村　私は最初からそう思っていました。一国会でやらなきゃだめだ、と。この法案が「騒動」になるのは間違いない。騒動になったらほかの問題が処理できなくなる。だから騒動は短い方がいいし、長くやればやるほど国論は分裂する。三国会にわたって審議した90年代初めのPKO国会を見ていましたからね。この時も、「PKOをやれば徴兵制になる」だの「憲法学者の8割は反対している」だの言われ、挙げ句の果てに野党の牛歩戦術で採決に4泊5日もかかってしまいました。すべての新聞が「異常な国会だった」と書いていた。

三浦　私はフジテレビ午後の「みんなのニュース」という番組で法案の解説をしたんですが、「安全保障環境の変化」というのが、いちばん皆さん理解しづらく説明が必要だったポイントでした。

高村　誰が見たって安全保障環境は変化してるじゃないですか。

三浦　そこがまったく理解されていないんです。安全保障環境は冷戦の頃の方が危なかったんじゃないか、ソ連のミサイルの恐怖の方がリアルだったんじゃないか、と。そういう観点から見ると、「安全保障環境の変化」は法案を通すためのこじつけに見えてしまう。

高村　よその国の国民を勝手にさらっていく、核ミサイルを持った国がすぐそこにあるんですよ。ソ連と米国の間ではそれなりに戦略バランスが成立していてお互いに自重していましたが、北朝鮮にはそれがない。ソ連は潜在的な脅威に過ぎなかったが北朝鮮は現実の脅威です。ソ連自身が侵攻したのはアフガニスタンくらいで。

三浦　しかも、それで懲りたところがありますね。その感覚はロシアにも受け継がれている。

高村　それと安全保障環境の変化は、相手になる国の問題だけじゃない。アメリカの変化も考えないといけない。

三浦　いや、それをまさに申し上げたいところなんですが、総理はおっしゃらないですよね。それは自重されたんでしょうか。

私は2007年に、帝国からの撤退という研究を、韓国で行われた国際学会で報告したことがあるんです。韓国は当時、自分がバランサーになりたかった時期で、日本はアメリカの属国であると認識されていました。私はそこで、「イギリスのスエズより東側から撤退した例にならえば、アメリカも東アジアからはこういうプロセスを踏んで撤退するだろう」という研究を発表したら、韓国人出席者から「日本はアメリカの走狗と思っていたけれど、君たちも東アジアをちゃんと見ているんだ！」と変な理屈で感動されました。

民主的なプロセスの中でアメリカの撤退がどう展開するかを考えてきた身としては、イラク戦争後のプロセスはまさにどんぴしゃりだったんですよ。だから、それを踏まえて日本ももうちょっと「アメリカの撤退」の可能性を煽るべきだったかなというふうに思っています。

高村　「煽る」ってどういうことですか？

三浦　言葉は悪いかもしれませんが、政権が「このままでは同盟がもちません」と正直に伝える。そうすれば国民は、「もたないんだったら仕方ない。ただし、本当に自分たちの国防に関わることだけにしてくれよ」ともっと素直に受け入れたんじゃないか、と。

高村　そのロジックを日本の政権は使えませんよ。日本での議論はアメリカも見てますから。時の政権がそんなことを言ったら、アメリカ側は駐留軍経費の交渉をする時なんかに、「これはもうすこし吹っかけても大丈夫だぞ」と考えるかもしれない。そうなったら日本の負担が増えて、結果的に国民の利益を損なうことになる。

三浦　例えば首相ではない人、党内の有力者で次の政権を担いたいと思ってるくらいの人が言うことなのかもしれないですが。

高村　次の政権を担おうと思う人も言っちゃいけないですね。日米同盟は大事ですが、我々はあくまで日本人の利益を守らなきゃいけないので。

三浦　トランプを筆頭に、アメリカはばんばん言ってますよ。

高村　トランプさんがばんばん言うのはアメリカ側の言い値として日本との交渉上の損

はない。それにアメリカは日本と切れても国が滅亡するまでにはならない。日本はアメリカと切れたら、これも可能性のゲームとして言えば、滅亡する可能性が出てくるんですよ。

三浦　ここには恐らく、与党の政治家である高村さんと、メディアなどで仕事をすることが多い私の肌感覚の違いがあるんだと思います。高村さんは「脅威が高まってるなんて当たり前じゃないか」という感覚をお持ちなんだと思いますが、テレビに出てくるいわゆる専門家の中には「北朝鮮は1回ミサイルを撃ったらおしまいになるんだから絶対撃たない」とか「中国も戦争なんか望んでない」と言う人もいて、「脅威なんて実は高まっていないんだ」となんとなく考えている人たちが非常に多いんです。

高村　「北朝鮮は1回ミサイルを撃ったらおしまいになるんだから絶対撃たない」というのがまさに抑止力なんです。だからこそ、日本に1発ミサイルを撃ったら北朝鮮という国が消滅するということを、間断なくメッセージとして発しておかないといけない。それには日米同盟が堅固であって、「間違いなくそうするぞ」ということを発信し続けなきゃいけないんです。サダム・フセインの場合もそうだったけれど、独裁者は自分の都合のいいような情勢の読み方をしやすい。「日米関係がぎくしゃくしているみたいだ。

だから日本にミサイルを1発ぶち込んだぐらいではアメリカは報復しないだろう」などと。

原爆で生まれたアメリカに対する道徳的優位の感情

高村　サダム・フセインはアメリカが本当に戦争するとは思っていなかったんでしょう。あの時、私は小泉純一郎総理の特使でエジプトへ行き、サウジアラビアへ行き、ムバラク大統領やアブドラ皇太子に会って「サダム・フセインを国連の査察に協力するよう説得してくれ。本当に戦争になるぞ」と申し入れに行きましたが、結果は変わらなかった。「これはちょっと危ないな」と思ったのは、当時、日本のテレビを見ていたら、キャスターが「アメリカは絶対戦争しません。なぜかと言ったら、砂漠の中で戦争をやったらアメリカは負けるからです」と言っていた。情報があふれかえっている日本ですらこれですから。

三浦　サダム・フセインをエジプトに亡命させるという案もあったんですよね。日本を含め、多方面からの働きかけがあり、エジプトも匿ってもよいと。でもブッシュ政権はうんとは言わなかった。その話はブッシュ大統領自身が、ジャーナリストのボブ・ウッドワードの取材の中で明らかにしています。

高村　じゃあエジプトもそれなりに努力してくれたんだ。

私は当時、サダム・フセインがどこかに亡命してくれたらノーベル平和賞をやってもいいって言って、大鞣甕を買ったんですよ。本当に平和主義者でしょ（笑）。

三浦　でも失礼ながら、あんまり世間にはそう思われていないですよね。統治者としての責任感がおありだから、そういう目線で外交も見てらっしゃるし、短期の民意にもおもねらないし、「アメリカが撤退するぞ」という脅しも使わない。そこは良識なんですけれど、結果としてなんとなく「好戦的な権力」みたいに思われてしまっています。

安全保障については、戦後の日本人の最初に獲得したディール（＝取引）が日本にとってとてもお得なものだったので、普通に考えたらそれを変えないことが国民の利益になるんですよね。唯一、「本当にアメリカが引いてしまう」という危機感だけが、国民を努力する方向に向かせるのかな、という気がするのですが。

高村　デモをやっていた人たちも、「アメリカがいることで日本は得をしていた」という認識でいたんでしょうか？

三浦　それは人によると思うんですけど、例えばＳＥＡＬＤｓの中には本当に抑止反対論の人もいて、なぜそう思うかと言えば原爆を投下されているからでしょう。

　例えば、加藤典洋さんの『戦後入門』はとても読みごたえがありまして、戦後日本特有の左派ではない。そこで書かれていることとして、日本人といっても一枚岩じゃない、アメリカ人も同じである、だとしたら、アメリカ人を十把一絡げに批判するのではなく、彼らの中のリベラルなところを日本も見習わなければならない、と。しかしそう言っておきながら、他方で、原爆を落とされたという一事をもって、アメリカ人に対して道徳的な優位を保とうとする態度自体は消えていない。議論はそこで止まってしまうんですよ。

「シン・ゴジラ」のように自衛隊へのシンパシーが感じられる映画でも、国を憂う政治家や官僚がアメリカに抗して一生懸命に働いている姿が描かれると左派でも感動してしまうようです。それはやっぱり「日本は原爆を落とされた特別な国だ」というモラルの上での優位性の感覚があってのことだと思います。

　だからこそ、自分にモラルがあると考える人には受け入れがたい「抑止」という仕組みに反対したくなるし、いかなる形であれアメリカの戦略には加担したくない。「それは原爆を落とされた人に対する冒瀆である」と考える。私は、多分そういうことなんだろうと思って見ています。

高村　なるほど。

三浦　アメリカは目覚めていない国、日本は目覚めた国。われわれの方が文明の先を進んでいるのだ、と。

高村　ある意味で、われわれは先進国ですよね。トランプが内向きだ、イギリスのEU離脱も内向きだって言いますが、日本はずっと内向きなんですから。そのトレンドをずっと先取りしているわけですよね。

三浦　ちょっと拙速な兆候ですけど、トランプ旋風を利用したいという風潮があります。現に「日本も核武装するにはトランプの方が好都合だ」という議論もあります。本当に突き詰めて考えた結果その結論にたどり着いた人は少ないですが、「その方が安上がりだ」という意見もあって……。

高村　そんなことをしたらアメリカを始め世界各国から経済封鎖されたりして、結果的に安上がりじゃなくなる。

三浦　でも日米同盟が破綻し、アメリカとしては追認せざるを得ないところまで行ったら、「安上がり」の議論が成り立ってしまうかもしれません。トランプがアメリカの世論に残したものは大きいというべきだろうと思います。ともあれ核武装論などの議論を聞いていると、左派も右派も、国家として安全保障に対するアンビバレントな（＝矛盾を孕んだ）気持ちを持ち続けている方が、まだしも孤立主義に流れなくていいのではないかという気にもなります。

アメリカが東アジアの同盟から撤退し、彼らがいなくなった後にわれわれが核武装なんかしようものなら、日本はものすごい孤立主義的な国になりますよね。外に対してまったく興味を失い、人種差別的なものが渦巻いて、中国との対立が深刻化して国内で「中国のスパイ」狩りが活発になったり……。戦前の日本が、真に国策を誤ったのは孤立主義に力を与えてしまって、政策を修正する力を自ら放棄してしまった瞬間だと思うんですよ。そして、戦後日本はうまくやって来たし、政策が戦前に回帰しているというような批判は当たらないと思っています。その上で、懸念があるとすれば、厳然と今の日本にも存在する孤立主義のＤＮＡなんですね。

憲法学者の「領海侵犯」

高村　安保法制の時、憲法学者の見解はずいぶんと聞かれましたけど、不思議と政治学者の方は発言されていませんでしたよね。

三浦　憲法学者の意見はものすごく注目されましたよね。個人的には憲法学者だけでなく国際法学者の意見ももっと聞かれてしかるべきだったと思います。

多少自虐的に言うと、国際政治学者は「アメリカの走狗」と思われがちなんです。プロ向けの雑誌では発言されている方もいましたが、「安保法制反対」の世論が強い中で、テレビに出て賛成論を展開しようと思うのはごく少数でしかなかった。

高村　どんどん出てくださいよ。

三浦　安保法制懇談会メンバーだった慶応の細谷雄一さんもよく出ていましたけど、賛成の論陣をはった学者は、大学というカルチャーの中では浮いていたというのが私の印象です。国会でも意見を述べられた同志社の村田晃嗣さんは学内から反発があって学長の座を1期で退かれましたし。私は、細谷さんや村田さんほど明確なポジションを取っていないし、法律家ではないので憲法解釈について申し上げることはありません。私は私の専門の見地から申し上げるだけです。

それは、「ごまかしA」「ごまかしB」と言って田原総一朗さんに受けたんですが、日米同盟を結んで「ごまかしA」でこれまでやってきたが、「ごまかしB」に移行しないと自衛隊に嘘をつかせたり、日米同盟が傷ついたりします、と説明することです。私のようにある種、下品に言い切るというのは、政治学者の文化じゃないのかもしれませんが。

憲法学者3人が国会で説を述べられた時に、ブログ記事を書いたんです。その時のブログ記事は、とても広く読まれました。当時は憲法学者が錦の御旗を持っていましたが、それに対して楯突くことには、政治学者は相当に遠慮がありました。「それはもう憲法マターだから自分の専門外」と。

でも、例えばＩＳ（イスラム国）のテロに見舞われたフランスのオランド大統領が憲法を超越して戒厳令を宣言するのに法律家としての資格は必要ない。時の政治の気運を考えに入れることは必要なんです。そこまで踏み込んで書いたのですが、これは政治学者のカルチャーだと相当な領海侵犯です。

高村　なるほど。

三浦　でも、世論の中に「どう考えたらいいかわからない」っていう揺らぎはありましたよね、あの時。長谷部恭男さんと小林節さんが「憲法違反」と言うのは驚きじゃなかったですが、早稲田大学の笹田栄司さんが、「ガラス細工と言われるかもしれないけれども、ぎりぎりのところで保ってきたものが、ちょっと一線を越えてしまったかもしれない」とすごく正直な言い方をされたのには私も感じ入るところがありました。一瞬ですが、みんな静かになったんです。

高村　憲法学者3人が平和安全法制を「違憲です」と言った時、私は「憲法学者はどうしても9条2項の文言にこだわる」と言ったんですよ。そうしたら、「憲法学者を批判した」と非難されました。憲法学者は政治家を批判してもいいが、政治家が憲法学者を批判したらまずいらしい。ある憲法学者は「憲法学者が条文の文言にこだわるのは当たり前だ」と書いていましたが、当たり前のことを言ったのに何で批判されるんだろうと不思議でした。私は憲法学者を批判したつもりはなかったんですよ。

さらに民主党の最高幹部には、「谷垣さんや高村さんは40年前に司法試験を通るぐらいの憲法の勉強はしたかもしれないけれども、日夜憲法の研鑽に励んでいる憲法学者と同じだけ憲法を学んだと言えるのか」と言われてしまいました。

三浦　おっしゃったのはどなたですか。

高村　報道もされているから言ってもいいと思うんだけど、枝野幸男さん。私は、「憲法9条2項と自衛権の関係については、たいていの憲法学者より考えてきたつもりだ。私は憲法学者を批判したんじゃない。憲法学者の言うことを鵜呑みにし、最高裁判決を無視する政治家を批判したんだ」と言いましたが、それに対する再反論は聞こえてきませんね。

だけどこの問題について憲法学者と国際政治学者とどっちを大切にするかって言ったら、国際政治学者に決まってるんですよ。何度も言うように、自衛権の話は最高裁判決で決着がついている。国の存立を全うするために必要な自衛のための措置は取り得る、と。

憲法学者は憲法尊重擁護義務なんてないから、砂川判決が嫌いだったら批判、あるいは無視してもいい。でもわれわれには憲法尊重擁護義務があり、憲法の番人である最高裁が「あとは国会と内閣に任せる」と言っているわけだから、やっぱり国会の一員として何が「国の存立を全うするために必要な自衛のための措置」かを必死に考えなければいけない。何が必要な自衛の措置かを考えるのに一番大切なのは、国際情勢の現実を直視することですから、憲法学者よりも国際政治学者の意見に耳を傾けるのは当たり前です。

三浦　正直、憲法学者も領海侵犯してきているわけですよね。彼らなりに安全保障環境を判断しているわけですから。

憲法学者は非常に静的な国際政治理解をしています。常々私が申し上げてきたのは、憲法学者の国際政治理解では、例えば自衛隊が集団的自衛権の行使が想定されるような事態に対する訓練を行うことすらできなくなる。その時は超法規的になってしまうから、いろいろと理屈付けをしなければならない。それは不健全なわけです。

高村　憲法学者が領海侵犯してきたら、政治学者は個別的自衛権を行使すればいいんじゃないですか（笑）。

三浦　法哲学者はずっと柔軟ですけれどね。『リベラルのことは嫌いでも、リベラリズムは嫌いにならないでください』という面白い本を書いた東大の井上達夫さんはとてもユニークな方ですけど、考え方の筋は通っています。国際政治環境に焦点を当てた議論というより、国として何を定めるべきか、人民と政府の間の契約という基本的な概念から説き起こしておられる。

イメージと現実の乖離が激しい自民党

三浦　政権に反対する側は、もうほとんど一枚岩で同じようなことを言うわけです。一方、賛成する側はいろいろと条件をつけたり、同じ結論に至るのでも違う論理を使ったりするので、結果的に印象は悪い。だから実態以上に民意がそこから離れてしまった部分があったのではないかと思います。もうちょっとオープンな議論が欲しかったなというのはあります。でも、ＳＥＡＬＤｓの人たちと、私のような者が対談するような企画もなかったですね。

多分、一番真剣な議論があったのは、それこそ自公のこの25回の協議だったかも知れません。お話をうかがっていると、とても丁寧な議論をされて、苦労に苦労を重ね、ようやく非常に限定的な集団的自衛権の行使に道を拓いたということが分かるんですが、世間にはそんなイメージは一切ないですよね。一番浸透しているイメージは、タカ派の安倍さんがノリノリで、みんなが「あの人は今、力があるからやっとくか」と言ってついて行っている。ブレーキのきかない軍国主義への道を日本はひた走っているのだ、という感じでしょう。

高村　三浦さんも、安保法制の「騒動」と言ってましたが、まさに「騒動」でした。先手を打つのは、いつも反対の立場に立ってデマを飛ばす側なんです。けれど大衆は愚にして賢、刹那的には騙されても中長期的には騙され続けない。戦後の日本国民は、比較的賢い選択をしてきました。

もう10年以上前ですが、あるテレビ番組に出たらキャスターが「日本の外交はうまくいっていない」って断言しました。すかさず「日本ぐらい外交がうまくいっている国はない。現に戦争をやってないじゃないか」っていったら、ほかの出演者が笑ってそこでおしまいになりましたが、戦争をやらずに平和と独立を維持し続けているのは、外交がうまくいっていることの何よりの証拠です。

三浦　でも自民党が本当にそう思っているということが、世間にはあんまり伝わっていないんですよね。むしろ、何かしら邪悪な意図をもった輩が集まって、ことあらば日本を戦争に引きずり込んでいこうとしているというイメージの方が強い。

高村　憲法9条を金科玉条のように奉って、それに少しでも反すると感じられるような言動をする奴は軍国主義者だ、みたいな考えも蔓延していますよね。田中美知太郎さんだったと思いますが、「戦争してはならない」と書くだけで戦争が起こらないって言うなら、憲法9条に第3項を加え、「日本国には台風は来てはならない」って書いたらどうだ、と言ってたのを思い出します。

三浦　左翼陣営は「終わる終わる詐欺」の罠に自縄自縛になっている、と私は常々思ってるんですね。特に、冷戦後の25年間に日本の安保政策が少しずつ現実的になっていく中で、「○○になったら日本は終わる」とずっと言い続けて来ました。実際は終わらないんですよね、当たり前ですが。ＰＫＯだって、特措法だって、法案は通りましたが、日本は終わらなかった。この「○○になったら日本は終わる」式の考え方をしていると、本当にタフな決断をしなければならないとき、結果的に抑制が効かなくなる気がするんです。さきほどの左翼政権の方が軍事力の行使に抑制が効かない可能性があるという話とも通じますが。

例えば、街頭で自分が平和主義者だと思っている普通の人たちに、「拉致被害者を奪還するために北朝鮮に自衛隊を出すことに賛成ですか」と聞いたら、イエスと答える人が多いんじゃないでしょうか。なぜかと言うと、リアルな軍事作戦で犠牲者を出した経験が、戦後の日本にはほとんどないからです。アメリカなら、捕虜奪還作戦やらテロリスト急襲作戦やらたくさんやっていますから、失敗の例もたくさん見てきている。だから判断が現実的にならざるを得ない。でも日本人はそういう厳しい思考の経験を経ていないですよ。やられたら何でもやり返していいっていう判断をどこかで持っている気がします。

高村　現実を直視するのが嫌なんでしょうね。

私、前にちょっとびっくりしたことがあったんですよ。三浦さんのお師匠さんである東大の藤原帰一さんと一緒にテレビに出た時に、司会者が私に「竹島を、場合によっては自衛隊が奪還するようなことがあり得るか」って聞いたんですよ。それに対し、「そんなことやったら戦争ですよ」って答えたら、藤原さんが「自民党の代議士でそういうことをおっしゃる方がいるので安心した」と言われて、私の方がびっくりしちゃったんです。私の考え方は自民党では普通ですよ。まあ、中には1人か2人は「自衛隊出してでも取りに行け！」と考えている人もいるかもしれないけど。

三浦　ええ、ちょっと顔が浮かびます（笑）。

高村　少なくとも自民党執行部で、竹島に自衛隊を出して奪還しようなんて考えている人はひとりもいません。フォークランド紛争でイギリスのサッチャーさんが軍隊を出したのは、アルゼンチンがまさに力で現状を変更しようとした直後です。だからみんなイギリスを支持した。竹島は確かに日本の領土ですが、韓国に占拠されたのは日本が占領されている時期で遥か昔のことです。現状をいま力で変更することは、憲法のみならず国際法的にも許されません。藤原帰一先生ほどの人であっても自民党をそんな風に見ているのかと、かなりびっくりしました。

軍事力の行使にリアリティが伴わない日本

三浦　それはやはり、党内に目立つ発言をされる方がいらっしゃるからでしょう。将来にわたって自民党の重心が高村先生のような抑制主義であり続けるか疑わしいと思わせるような方が現実にいらっしゃる。この間の参院選で当選されたばかりの青山繁晴さんなども、実力行使をやるべきであるとおっしゃるんですよね。青山さんは拉致被害者も奪還に行けっていう考え方ですが、行けるわけがありません。そういうことを言えるのは、本気でやろうと思ったことがないからなんです。本気でやろうと思って、インテリジェンスから何から何まで考えたら、「できない」ことがわかるはずです。でも、自民党の中でそういうことをおっしゃる方は目立ちますし、自民党支持者の論客にはそういう考えの方も多い。先ほどおっしゃった空想的平和主義の裏返しだと思うんですけど。

高村　現在は、右に振れた振り子が徐々に真ん中に戻りつつある過程なんですよ。私はいつも、「振り子を早く静かに真ん中に戻せ」と言っています。

これに対して、かつて後藤田正晴さんが言っていた「アリの一穴論」というのがあります。最初は小さな穴でも、堤防にアリが穴を開け始めたら最後は堤防が決壊してしまう。後藤田さんの「アリの一穴論」と、「振り子を早く静かに真ん中に戻せ」論は、私は必ずしも矛盾していないと思っています。

アリの一穴というのは、一穴があること自体が望ましくない状態です。だけど、まだ振り子が真ん中に戻っていないのに、「ここで止めとかないと次は悪いことが起こるぞ」というためにアリの一穴論を使う人がいる。その立場では、必要な自衛措置や国際貢献もできなくなってしまいかねない。振り子を真ん中に戻そうとするのをアリの一穴論で阻止するのは、私は正しくないと思っています。

三浦　アリの一穴論の人は、軍隊の派遣は永遠に凍結したいわけですよね。

高村　すべてがそうだとは言いませんが、そういう人が多いのは確かです。ただ、そういう「軍隊の派遣は何があっても止めなければダメだ」とする人がいることで、その壁を突破するためには変な力を使わなきゃいけなくなる。だから、そこを突破した時は、今度は右寄りに振り子が大きく振れる可能性があるわけです。だから早く静かに、合理的なところに戻す、と。

三浦　「歯止め」という表現しかできないのは、一種の思考停止の証ですよね。

高村　歯止めも、「素人でもわかりやすいように」って言うと地理的歯止めになっちゃいます。でも、例えば遠いチリで起こった地震でも日本に津波が来ることもあるように、日本の平和と安全に影響を及ぼす要素を地理的に限定するのはよくない。特に、これからのグローバルテロリズムの時代には、どのような形で日本の安全が脅かされるのか分からないですから。

三浦　「野党には対案がない」というふうによく言われますが、私には「対案」の出し方というか、内容が今一つピンと来ないことが多いんです。安全保障環境は変化するわけだから、対案は「今何が一番適正なのか」で判断するべきでしょう。

枠組みの話なら、日米同盟以外に対案はあり得ない。だから、対案の中身は装備や運用をどうするかしかないはずなんですが、じゃあ装備をどうするかとなった時に、民主党の中のタカ派外交族は、対案があるということを示したいがために、割と安易に装備の増強を認めてしまうんです。本来対案というのは、日米同盟という大本はみんな合意しているわけだから、その下の装備をどうするか、自衛隊員の地位をどうするかというところをやるべきなのに、なぜか総論ばっかりになる。「対案」の中身がなかなか具体化しない。そこが見逃されているのが、日本の安全保障論議の一番いけないところだと思います。

高村　これもさっきの振り子論なんだけれども、シビリアンコントロールは自衛隊を動かさないためにあると誤解している人が多い。かつて中国大陸で勝手に動いた軍隊を持った歴史がある国として、それは仕方ない面もあります。ただ、その弊害で、いざという時に自衛隊を有効に使えるようにするにはどうするかという観点がまったくなく、使えないようにするということだけに振れすぎてしまったんです。

戦前だって、日本海軍の最大の敵はアメリカ海軍じゃなくて、予算を競い合う日本陸軍だったと言います。だから格好つけるために大艦巨砲主義をとってしまい、新しい航空機戦力を整えるのが十分でなくなるなどの弊害が生じた。安全保障論議が現実的でないと、そういうことが起こってしまうわけです。今の自衛隊にそういうことが全くないとは言えませんよね。

三浦　ええ。

自衛隊の現場に溜まるマグマ

三浦　私はシビリアンコントロールの研究からこの世界に入ったんです。サミュエル・ハンチントンの博士論文が『軍人と国家』という書籍になっているのですが、ハンチントンは、プロフェッショナリズムがあれば軍という組織は自然と安全保障の任務にフォーカスするので、社会から隔絶していればしているほどいい、と考えました。だからシビリアンコントロールは結果として成り立つものであるから、政治はなるべく介入するな、という結論になる。

でも、それは予算がたくさんある国の話なんですよね。さらに言うと、冷戦で核抑止が成り立っていると政治家も抑制的になりますから、軍にああしろこうしろということはあんまり言わなくなる。そうすると、軍は予算だけもらってハッピーになる。その副作用は軍産複合体であり、多くのリベートが軍に還流するような軍需産業と軍の癒着です。

そこから研究を始めたんですが、自衛隊の場合、文官優位システムという極めて日本的な仕組みに不満があったせいで、「現場を一番知っているのは自分たちだ」という感覚が自衛隊の中に生まれた。実際、政治家は自衛隊にごまかしを押し付けてきたので不誠実だったわけです。しかし、日本社会の悪弊であるところの「現場がすべてを知っている」という感覚だけで行くと、能力や政策立案上の問題として危険です。かといって文官優位の文官統制がよかったとは到底思えない。ここは早急に政治や文官の能力を高めないといけない。

1978年のことになりますが、当時の制服組トップである栗栖弘臣統合幕僚会議議長が「自衛隊法には穴があり、奇襲侵略を受けた場合、首相の防衛出動命令が出るまで動けない。第一線部隊指揮官が超法規的行動に出ることはありえる」と『週刊ポスト』の誌上で発言したことが「政治的発言」とされ、金丸信防衛庁長官は栗栖議長をクビにしてしまった。今から振り返って見れば、栗栖議長の「超法規」発言は、現場を預かる軍人としては至極まっとうな発言に思えます。それでも政治家は、制服組を守っているかのように見えて場合によっては抑圧する。自民党のロジックで手綱を緩めるも絞めるも政治家の自由ということになる。

この状況を自衛隊の側から見たときに合理的な行動は、政治家や官僚にいつ何を言われるかわからないから、無駄な兵器でもとりあえず買えるものは買うべき、となる。例えば誤魔化しを政治に強要される結果として、「これは護衛艦である」と主張するためにいらない装備も付けたりする。結果的に、実戦では役に立たない武器が増えるし、調達改革が行われない。まあ、現状で生じうるのはせいぜい必要なところに予算をつけられない中でのちょこちょことした無駄遣いでしょうけれど、安全保障環境が厳しくなると想定被害も深刻化するわけです。同時に、政治家に対しても自衛隊の不信感は溜まっていく。結果的に不満のマグマがかなり溜まっていると思うんですよね。でも野党の人間はほとんど信用できないし……。

高村　与党の人間は味方だけどバカだし、と。

三浦　ええ（笑）。「いざとなったら、あいつらは俺たちの首を切るぞ」と思うのが自然です。だから各国と比較するととても不健全な関係に見える。

高村　不健全の出発点というのは二つあって、一つは過去の軍のやり過ぎに対して、振り子が左に振れすぎたこと。文官優位で絶対動けない自衛隊を作ってしまった。もう一つは憲法9条2項で、これによって憲法学者の6〜7割が今でも自衛隊違憲論になってしまっている。

三浦　だいたいそれぐらいだと思います。

高村　そんな憲法の下で働かせていること自体が、自衛隊員に対して失礼ですよね。ついでに言えば、真面目な憲法学者が条文に基づいて憲法解釈をして「憲法違反だ」と言い、挙げ句の果てに世の中から変わり者だと思われているのもかわいそう。

三浦　そうですね。柔軟な解釈をして御用学者だといわれる人もかわいそうだし。全員ちょっと不幸ですね。

高村　現実離れした条項を憲法が持っているがゆえに、みんなが不幸なんですよ。憲法を変えろというとすぐに軍国主義みたいに言われますけど、やはり変えられるのであれば変えた方がいい。

憲法改正は可能なのか

高村　もう36年前ですが、衆議院議員になった時に「憲法9条をどう思いますか」とある新聞社に聞かれたことがあります。私は、「平和主義を維持したまま自衛隊の存在を明記すべき。機は熟さず」と15分ぐらいしゃべりました。それを3行で新聞記者がまとめていて、「新聞記者って大したもんだな」と思ったんですが、今でもその考えは変わらないです。残念ながら、現時点でも機が熟してない。

三浦　なぜ熟していないんですか。世代的にも戦争を知っている人はほとんどいなくなった。9条2項を変えることは、そんなに難しいのでしょうか。

高村　ここにもある種の矛盾があるんですが、自民党政権なり自公政権なりが現行の憲法で平和を維持してきたんだから、これでいいという感じなんでしょう。無理に変えようとするとかえって危ないというのもあるんじゃないですか？

あるNHKのテレビに出た時、民主党の岡田さんに、「自衛隊は文言通りに素直に読めば憲法違反になるから変えたほうがいいんじゃないですか」って振ってみたことがあります。実はこれ、岡田さんが過去に言った言葉ほとんどそのままなのですが、当の本人は「いや、自衛隊が合憲だというのは定着しています」とお応えになった。同じ番組で共産党の志位さんは、「自衛隊は違憲です」って言っていましたが、その二つの政党が今では組んで選挙をやっている（笑）。

三浦　憲法9条が全体として平和の象徴のように認識されていて、1項と2項がしっかり区別されて理解されていないのが問題だと思っています。9条1項は、日本が結局は潰してしまう方向に加担した国際連盟が拠って立っていた価値観であるし、攻撃的な戦争を仕掛けてはいけないという価値観は1928年の不戦条約時点ですでにあったわけですよね。日本固有ということではなくて、ある意味で先進国が共通して持っている価値観です。

9条2項に関しては、「敗戦国の再軍備の禁止」と読めるので、それを安倍総理みたいに「みっともない憲法」と言うかどうかは別として、敗戦してしばらく経ったら解消していい条項ですよね。

高村　というより、「解消しなければいけない条項」だったかもしれない。

三浦　本当にそうだと思います。もうちょっと前の世代がやってくれるべきだったなというふうに思うんですが。前に雑誌の『正論』が「憲法のどこを一番優先して変えるべきか」というアンケートを取ったんですね。私も聞かれたのですが、新世代はほとんど9条2項か9条そのものを見直すべきということだった。60代以上の人たちは、自衛隊

ＯＢを除き、みんな緊急事態からやれと。

高村　べき論から言えば、私は単純に9条2項を削除すればそれでいいと思うんですよ。でも、可能論がありますからね。実際はなかなか難しい。

三浦　リスクを自分でお取りになる政治家の方がそうおっしゃるのはいいんでしょうけれど、私はそのアンケート結果を見て、あまりいい気持ちはしなかった。緊急事態条項から先に変えますということは、彼らはできるところからやろうとしているんだ、と。

小林節さんが、改憲に必要な議席を規定した憲法96条の改正を「裏口入学」と評した一件がありましたよね。どう思われましたか。

高村　あれは「今あるものは正しい」っていう超保守的思想ですね。まあ、そういう保守的思想があるから自民党がもっているという面もあるから一概に悪いとは言わないけれど。

日本国憲法が占領時代に占領軍の影響下でできたものであることは間違いないんですよ。その憲法は、改正規定で二院制の両方でそれぞれ3分の2の賛成を集め、しかも国民投票を実施して2分の1の賛成を得よ、とまで決めている。世界で一番改正が難しい仕組みです。占領時代にそれこそ国民投票もしないで作った憲法に、そんなきつい改正規定があること自体が私は正義に反していると思う。でも、その正義に反する規定を改正するためにだって、ちゃんと衆議院3分の2、参議院3分の2、国民投票2分の1の賛成が必要なんです。裏口入学論は、規定を変えるのにも今の改正規定どおりにやらなきゃいけないことを忘れているんじゃないですかね。

ただ、裏口入学論が広まっちゃった以上、われわれはそんな難しいところからやろうとは思いませんよ。先に96条改正などというオプションはなくなりました。

三浦　だったら、やはり「正面突破」すべきなのではないでしょうか。9条2項の改正ないしは削除です。自衛隊を正しく軍隊として位置づけ、軍事法廷を許容する法律もセットでつけます。もし日本国民がノーと言ったら自衛隊は潰します、と。ちょっと脅迫めいていますが、そのぐらい正面から語ったほうが大衆化の時代には合っているんじゃないですか。

高村　それは橋下徹流ですね。

三浦　橋下流です。

高村　私はその橋下流が必ずしもいいとは思わないんですよ。根っからの古いタイプの人間ですから大衆化の時代に合わないかも知れないけれど。

三浦　ただ、世界全体で人々が本音で話したいというふうに思っていますよね。イギリス、フィリピン、大阪でもそうだった。トランプ現象ももちろんそうです。彼らは何に対して戦ったのか。大阪では大阪自民党であり、そこと結託していた官僚でした。トランプは不法移民問題に対して何もできていないワシントンのエスタブリッシュメント。フィリピンのドゥテルテが衝いたのは、大農場主の保守派が組織犯罪グループとなあなあにやってきたことに対する国民の不満です。現状を何らかの形で変えたいと思っている人々の、変えてこなかった人たちに対する怒りがあちこちで噴出している。2009年に、それまでほとんど経験を蓄積してこなかった政党に政権を与えて大失敗した日本は、その経験から学んで穏健化したのかもしれないですが。

高村　民主党政権の功績は、実現可能な公約と単なる願望を同じ土俵で並べて政権を選んではいけない、ということを国民に分からせてくれたことでしょう。3年という期間が長すぎたか、3年くらいで済んで不幸中の幸いだったとするか、という話はありますが。

三浦　民主党の罪が重いのは、投票した人たちの「変化への期待」そのものを裏切ってしまったからです。今50～60代ぐらいの人たちは、みんなすごく民主党に期待していたんですよね。私はそうでもなかったんですが、都会の高収入の人たちがなぜか左派政権の民主党に投票するという奇妙な現象が起きていたわけです。それは変化を望んでいたからであって、別に分配重視の政策を望んでいたからというわけじゃない。でもその変化への期待すらも、民主党が道連れにして退陣してしまった。

高村　変わるというのはいいことだっていう信仰があるんですよね。しかし、変化それ自体は良いこととも悪いこととも言えない。悪く変わることだってあるんだということをわからせた面では教訓になったんじゃないですか。

三浦　在野でいた間に、自民党はどう変わったんですか。

高村　ここはちょっと意見の分かれるところです。安倍さんにせよ石破さんにせよ「野党時代に自民党が反省して変わったから政権が奪還できた」と考えるのが自民党の主流です。超少数派の私は、「自民党はそんなに変わったわけではない。国民が民主党政権に鉄槌を下した反射効として勝たせていただいただけだ」という考えです。

三浦　その見方には、私も大賛成ですね。

高村　別の見方からすると、私の考え方は「国民が間違えたのだ」と言っているに等しい。「国民が間違えた」と絶対に言わないのが現役政治家の心得だから、私はもう現役政治家ではなくなりつつあるのかもしれない（笑）。

三浦　いやいや、それはもう、思う存分言っていただいたほうがいいと思います。外から見て一つ変化したと思うのは、自民党の中の対立がやっぱり抑えられている感じがすることです。もう何が何でも次に野に下る気はないぞと。強い意思ですよね、政権に留まりたいという。

高村　それはありますね。

第二章　外交の矛盾

三浦　高村先生は外務大臣や防衛大臣もご経験になり、政治活動の大半において外交に携わっておられました。国際情勢の変化や安全保障上の脅威の変化などもずいぶんとご覧になってきたことと思います。そこには当然、東アジア情勢だけでなくシリアやイラクなど中東の情勢、そしてアメリカ外交の変化も関係してきます。

ご自身の経験を振り返って伺いたいのですが、「これは集団的自衛権の行使容認が必要になるな」という認識に至ったポイントは何だったのでしょうか。

高村　「集団的自衛権の行使容認」とは直接関係しないんですけれども、この問題をいちばん考えたのは90年代初めの湾岸戦争の頃、国連平和協力法案を審議した時ですね。あの時に求められたのはＰＫＯ的なものと、世界の「ならずもの」を撃つ有志連合の後方支援でした。

「法理」はキープし、「当てはめ」は柔軟に

高村　日本政府が「集団的自衛権」と言う時には、わが国自身が武力行使をすることが想定されています。しかし、それは日本にはできない。だから日本にできるギリギリの協力として後方支援ということになったわけです。けれど、戦争には兵站が必須なのだから、後方支援も集団的自衛権じゃないかという議論が野党の一部にありました。その時点では、従前の政府解釈どおり、集団的自衛権を認める必要性は必ずしもない。しかし、冷戦も崩壊し、国際情勢も変化している中で、「集団的自衛権は一切認めない」という立場を続けていると、国際情勢が変わった時にわが国の防衛に必ず困った事態が生じるだろう、とは考えていました。

国連平和協力法案の審議の中では、隣の国に医療部隊を派遣して戦争で傷ついた人を治療したら、その人がまた戦線に復帰するかもしれないから集団的自衛権の行使にあたる、なんて議論が平気で行われているのを見て……。

三浦　だとすると赤十字の活動はとんでもないものだということになりますね。

高村　だから「ナイチンゲールは軍国主義者だ」という議論もなりたっちゃうわけです。そういう中で私が頭の中で整理したのは、集団的自衛権をめぐる「法理」の部分はそのままでも、「当てはめ」の部分は時代に合わせて柔軟にしていかないと、わが国の防衛の面でも非常に困ったことが起きるだろう、ということです。内閣法制局の見解がどうであろうと、最高裁の判断はあったわけですし。

三浦　それは冷戦崩壊が現実のものになり、その直前には米ソが湾岸戦争で同じ側に乗ったということとの衝撃があったからですか。

高村　湾岸戦争自体がどうこうというより、冷戦が崩壊した以上地域紛争は増えるだろうなということは予測していましたよね。世界中を覆っていたタガが外れちゃうわけだから。

三浦　当時、アメリカの中では例えばチェイニーさんなどが、ソ連の崩壊を喜ぶ人たちを尻目に「ここから核兵器が流出したらどうしよう」などと次の心配をしていたようですが、そうした新たな脅威に気づいていたのはアメリカでも相当少数派だったと思います。先生の受けとめ方としては、「もうちょっと安全じゃない世界に突入していく」という感覚はあった……。

高村　それはありましたよ。当時よく、「冷戦構造が崩壊したんだから平和の配当があってしかるべきだ」という議論がありましたが、私は「配当を受けるのは投資した奴だろう」と言っていました。先進国の中で日本は、安全保障にかけるお金が圧倒的に少ない。投資をしてこなかったのに何で平和の配当が貰えるのか、と。

それと、もう一つ私が心配していたのはアメリカです。アメリカは西側諸国を自分の陣営に置いておくため、冷戦時代はあまり横暴なことは言わなかったわけですが、「これからはアメリカ一極体制だ」と思えば厳しい要求も出てくるだろうな、と。

三浦　政治外交の現場にいない人からすると、自民党が冷戦中もアメリカとガチガチやりあっていたという感覚はあまりないと思うんです。

高村　それはなぜかというと、ガチガチやっているところは外には出さないからです。貿易摩擦は外に見せても構いませんが、安全保障では「日米同盟は堅固である」ということを発信し続けることが抑止力の根幹です。少しでも揺らいでいるイメージを与えてはいけない。独裁者というのは自分の都合の良いように情勢を解釈しがちですから、「これなら日本を攻撃してもアメリカの青年が血を流すはずがない」と勝手読みされちゃうことが一番怖いわけです。

だから、安全保障に関して日米が正面からぶつかりあっていても、首脳同士の話し合いのときにはもう形ができていて、まるで淡々と話が進んだかのようにお膳立てされているわけですよ。それは国際社会に対するメッセージなのですが、日本国民には「安全保障の分野ではアメリカの言うことを全て鵜呑みにしているんだ」と見えてしまう。

英独仏のGDPは長らく、日本の半分ぐらいの規模感でした。それでも冷戦時代の防衛費の額は日本よりずっと多かった。アメリカは同盟国にできるだけ負担してもらいたい。けれど日本だけはGDPの1%前後でずっととどまってきた。この事実からだけでも、日本がアメリカに対していかに言うべきことを言ってきたかということがわからなきゃ嘘ですよね。だから、トランプさんが文句言っているんです。

三浦　文句を言うのは当然だ、と。

高村　いや、米国にとっての日本の重要さ、独立国の中に他国の軍隊の基地を置くことの大変さを考えれば当然じゃないけれど、トランプさんは安保ただ乗り論者を対象に選挙戦術として文句を言っている。日米同盟は日本よし、米国よし、国際社会よしの三方よしの同盟ですが、内向きの人には相手国よしの部分だけが見えてしまう。

米軍駐留の必要性と国民感情の相克

三浦　日本では核を嫌がる勢力が非常に多いですが、一方で「抑止と言えば核だ」と思っている節がある。だから、米軍基地の駐留や拡大には抵抗感がありながら、アメリカの核が日本の抑止力になっていることですごく安心感を得てしまってもいる。日本人の国民感情を考えれば常に難しい判断になりますが、例えばいつも問題になる沖縄の海兵隊にしても、通常兵力の相当部分を日本に置いておくという発想は正しいのでしょうか。高村先生から見たときに、やっぱりこれは日米同盟の大事なコンポーネントだと思っておられるのか、それともアメリカの通常兵力は今後もうちょっと低下させて、日本がその分を埋めていくべきだと思われているのか。

高村　日本にアメリカの基地があって、アメリカの軍隊がいるという事実が最大の抑止力にはなるんです。なるんだけれども、やはり独立国の中に外国の軍隊を置いておくというのは大変なことで、抵抗感が強くて当たり前です。だから、その二つの要素を状況によって比較衡量して決めるしかないわけですが、純粋に日本の都合で言えば、割と偉い人たちには日本にいてもらって通常戦力は徐々に減らす、という形がいいのではないかな、と思います。沖縄で我々が目指しているのもそういうことです。基地の面積を縮小し、海兵隊の人員もかなり減らした。そういうことは着々とやっていかなければいけない。

ただ、「駐留なき安保」という発想はとらないです。それは、「アメリカにとって何が一番ありがたいか」を考えれば「駐留すること」だからです。日本にとって日米同盟は死活的に重要ですが、アメリカにとっては死活的とまでは言えないかも知れませんから、彼らにとってもありがたい話でなければ同盟は続きません。

三浦　ただ安全保障にはモメンタムというか、動的な部分もありますよね。フィリピン人が本心では望んでいなかったのに米軍はフィリピンから引いてしまった……。

高村　クラーク空軍基地とスービック海軍基地ですね。フィリピン人が本心で望んでいなかったかどうかは分かりませんが、第二次大戦前の日本と一緒でしょう。ある種の空気の中で着々と具体的な計画が進んでいき、真珠湾攻撃にまで至ってしまう。アメリカも本当にフィリピンから引きたいと思っていたわけじゃないでしょう？

三浦　どうでしょうね。悪いたとえで言うと、長年のガールフレンドとちょっとした喧嘩をして、本気じゃないのに彼女が「別れよう」と言ったら、男はこれ幸いと別れた、みたいな感じがしましたが。

高村　当時のことを私はあまり知らないんですよ。知らないけれど、クラーク、スービックがなくなったら南シナ海が中国の船で埋まってしまったのは、安全保障の論理そのままです。安全保障はそのときの感情でやっちゃだめだという教科書的な事例です。

三浦　日本にもフィリピンと似たアンビバレントな国民感情があります。植民地化された歴史はないですが、占領統治された歴史はある。政府が閉じられた外交の中で解き続けなければならない日米関係の問題と、そのプロセスを見せられることのない国民の感情の乖離は「まずいな」と思われませんでしたか。

高村　まずいんですが、日本国民って長期的に見ると比較的賢いんです。

ちょっと変な話をすると、私が大学のときに憲法を学んだ教科書に、こんな議論がありました。「高速道路は軍事道路に転用されるおそれがあるから憲法違反だ」。

三浦　すごい論理ですね。

高村　すごいでしょ。私は「だったら結婚すると戦士が生まれるかもしれないから結婚するのも憲法違反じゃないか」と言ったことがあるんですが、平和主義の名のもとに、そういうことが平気で言われていた時代があったわけです。それでも、日本国民はそんな議論には流されず、時間をかけて常識を磨いてきた。

三浦　そうですね。今は日米同盟を支持する率は極めて高い。3・11後の効果もあるんでしょうけれども。ただ、日米同盟を許容しておきながら、政府が日本の負荷をふやし、アメリカの負荷を減らす方向でちょっとでも調整すると、「それは聞いていた話と違う」という議論がすぐに出てきます。自民党の支持者や議員さんの一部の中には「日米同盟は邪魔だ」ぐらいのことを思っていらっしゃる方もおられますし。

高村　ほんの一部です。でも、声が大きいんだよね（笑）。

三浦　それがまた物事を見えにくくさせるわけですよね、中間層からすると。

対北朝鮮政策に「正解」は存在しない

三浦　脅威認識も人によって違いますよね。中国を念頭に置いている人もいれば、北朝鮮の人もいる。

高村　どういう説明をしたいかによって違うかもしれませんね。私は北朝鮮なんですよ、脅威が現実的という意味で。

ＧＤＰが大きいか大きくないかは関係ありません。中学1年生が女性の先生をナイフを持って脅した時に警察を入れたら、「教育現場に警察を入れるのはけしからん！」といって騒いだ時代もありましたが、中学1年生だろうが誰だろうが刺されたら死ぬのは一緒です。北朝鮮も同じで、経済的には大したことのない国でも核とミサイルを開発していて、しかもその国の指導者は平気でよその国の国民をさらっていってしまうわけですから、これを脅威と感じなかったらおかしい。

三浦　いわゆる非合理的な決断をし得ると。

その北朝鮮に対してはアメリカ本国でも言われているダブルスタンダードがあって、イラクは核開発疑惑だけで体制を転覆までされたのに、北朝鮮はいま20発程度の核ミサイルを持っている（と中国のインテリジェンスが言っている）までになっているのに何もされていない。このダブルスタンダードはどうしたことだと。

実際、アメリカの大統領選の候補者の話を聞いていても、北朝鮮のことはあまり脅威だと捉えてないですよね。例えば90年代のクリントン政権のときに、朝鮮半島の危機で明らかになったところでは、いわゆるサージカルストライク（＝限定的空爆）をしようとまで思っていたけれども、その後は書類レベルの警告に止まっている。そういう日米の認識のギャップは、いつごろから顕在化したと見ておられますか。

高村　まず一つ、「北朝鮮はアメリカから物理的に遠い」ということがある。それから、重要なエネルギー源があるかどうか。イラクでは石油が出るけれど、北朝鮮では出ない。

さらに大きいのが、同盟国の態度の差です。イラクをやっつけることは同盟国であるイスラエルは大歓迎ですが、クリントン政権のサージカルストライクに同盟国の韓国や日本は賛成したか。アメリカにしてみれば、「おまえたちのためにやってやろうと思ったのに、イヤならやらないよ」となりますよ。

三浦　高村先生は、アメリカにはもうちょっと北朝鮮を脅威だと捉えて欲しいとは思っていらっしゃらないですか。

高村　思っています。だからといって、すぐにサージカルストライクをやれと言っているわけじゃないですよ。ピンポイント爆撃の副作用は、韓国にとっても日本にとっても、あるいは在韓米軍や中国にとっても大きい。だから、そう簡単には決断できません。

それは中国による北朝鮮に対する制裁措置も同じです。中国が北朝鮮に対する制裁を本格的に実施したら、北朝鮮が潰れるかもしれない。そうすると難民がたくさん押し寄せ、アメリカの同盟国である韓国が中国との国境線まで来ることになる。だから中国は、そう簡単には徹底的な経済制裁はできない。

けれど時間が遅れれば遅れるほどますます大変になります。アメリカ大統領が決断するのは大変なことだと思います。それは中国の国家主席が本格的に石油の供給を停止するとか、食料を送らないと決断すること以上に。

三浦　リビアに対するヒラリー氏の態度と、リビア空爆を後悔していると公式に語っているオバマ大統領の認識の差が問題になっていますが、リビアというのはリベラル派が介入に賛成したんですよね。アメリカに協力すると言っていたカダフィが、国内的には抑圧政権を維持していた。そこに反体制派が攻め上がってくる。どうやらこの反体制派の方が勝ちそうだ。そういったときに介入をしましたよね。オバマさんは自分の本能に反することをやってしまって反省していますが、ヒラリー氏は間違ったことをしたとは思っていない。

これを北朝鮮に置き換えて考えてみると、すごく微妙なケースだと思うんです。金正恩自体は独裁者でひどい奴かもしれないけれども、1人の人間の顔はある。それに対して何者かわからないけれども、軍事力を持っているただの民衆ではない人たちが内戦を仕掛けたときに、我々がそこに介入するかどうか。日本はアメリカに何を要望するのか。

高村　それはわかりませんね。ただ、一般的にいうと、悪い秩序は無秩序に勝る。金正恩の秩序は究極の悪い秩序であることは間違いないですが。

三浦　世界の中で本当にリアルなディストピアと言ったら北朝鮮ですよね。私自身も解がないんです。10年ぐらい前は、限定的な戦術核を使ってでも北朝鮮の核施設を破壊したほうがいいかもしれないとさえ思っていましたが、今すでに弾頭を20発持っていて、小型化もできて、ミサイルの能力も向上しているという段階では、それは現実的でなくなった。潜水艦からＳＬＢＭを発射できるというのは、我々が探知できないところに第二撃能力があるということです。なので、小泉訪朝のような「事件」があまり荒唐無稽ではない時代に入ってしまった。

高村　私は最初から荒唐無稽じゃないと思っていましたよ。

三浦　当時はすごい強い反感がありましたよ。先生は外交畑ですけど、外交畑の学者やジャーナリストから見たら、そもそも外交畑ではない、深い思い入れがないはずの小泉首相が、一方で靖国参拝をしながら、他方で北朝鮮に行くのは不自然な「宥和」、いわば出たとこ勝負に見えたんです。私は当時大学院生でしたが、ゼミでも「これは宥和じゃないか」とか「核よりも拉致問題を優先している」との意見が多くありました。

ただ、ことここに至ると、かつて強硬派だった私でも、結局日本自身が核武装をして自ら抑止を成立させるか、これも究極の選択ですが、かの地の虐殺や核保有には目をつぶって北朝鮮と国交を結び友好国になるという極端な解決策以外のものは、中間的な遅延策というか「遅延行為」でしかない、というふうにまで考えが進んできました。

高村　外交的解決策とは常に中間的な解決策なんですよ。だから、北朝鮮については平壌宣言の路線、つまり拉致と核ミサイルの問題を解決して国交正常化する、しかないと思います。

「ガツン」とやっても拉致被害者は帰ってこない

高村　拉致問題の解決なくして国交正常化なし、国交正常化なくして経済協力なしと一番最初に言った政治家は誰だか知っていますか。

三浦　小泉総理ですか。

高村　高村正彦という政治家です。

三浦　すみません。それは存じ上げませんでした。

高村　外務大臣だった1998年か99年に、「拉致問題の解決なくして国交正常化なし、国交正常化なくして経済協力なし」と言ったのですが、小泉さんはその前半部分だけを使ったんです。小泉さんのほうが私の100倍発信力があるから小泉さんの言葉になってしまいましたが（笑）。

私が閣僚経験者でありながら96年に橋本内閣の外務政務次官になったとき、外務省の役人に「拉致の問題が週刊誌などにいろいろ取り上げられているがどうなっているのか」と聞いたんです。外務省の説明に今一つ納得しなかったので、警察の人にも来てもらって説明してもらいました。そうした面から北朝鮮が拉致をずいぶんとやっていたということは分かった。

それで、外務大臣になってからかな、私がそういうことをしているのを外務省の役人も知っていましたから、「拉致被害者家族が会いたいと言っていますがどうしますか」というので、呼んでお会いしたんです。そのころはまだ今ほど涙腺が緩んでいなかったですけど、やはり涙なくしては対応できなかったですよ。

それで私は、「拉致問題の解決なくして国交正常化なし、国交正常化なくして経済協力なし」と言ったわけです。経済協力というのは、国交正常化の折に結ばれる一括請求権協定というか、大型経済協力ですよね。韓国と北朝鮮の力に徹底的に差がついた大きな要因は、韓国は国交正常化して日本から当時の韓国の予算の2年分ぐらいの経済協力を受けたことです。それが全てだとは言わないけれども……。

三浦　ベトナム戦争の軍需もありましたからね。

高村　とにかく漢江の奇跡と呼ばれる経済成長を果たした。これで決定的に北朝鮮との差がついた。北朝鮮からすれば、国交正常化して同じような経済協力が喉から手が出るほど欲しい。だから、これをテコにするよりやりようがない。

私の外務大臣時代に、国連から「北朝鮮で餓死者が出ているから人道援助しよう」という話が出ました。私はだめだと言ったんです。外務省の役人は「大臣が言っている『国交正常化なくして経済協力なし』というのは、国交正常化後の大型経済協力のことでしょう。これは国連のアピールに基づく人道援助ですからいいんじゃないですか」と言っていましたが、私は「北朝鮮が拉致の存在すら認めていないときに人道援助を行ったら北朝鮮が誤解するおそれがある。北朝鮮は拉致の問題にほっかむりをしたままで国交正常化による経済協力をとりたいと思っている。だから、たとえ人道援助にしても協力はだめだ」といって、私が外務大臣時代には出しませんでした。

その後、政府として人道援助で米を出すことになりましたが、拉致問題の解決なくして国交正常化なし、国交正常化なくして経済協力なしというのは日本政府の一貫した立場です。ぶれていない。ぶれていないからこそ、北朝鮮は拉致問題にほっかむりしたまま大型経済協力をせしめるのは無理だと判断した。そのうえで、小泉さんの大きな決断、その大きな決断を導くために田中均外務審議官や福田官房長官がした周到な準備、拉致被害者が日本に戻った後で「彼らを絶対に北朝鮮に帰すな」と主張した安倍官房副長官の硬い意志、これらがうまく合ったと私は思っています。

当時の私は政府と関係ない人間でしたが、被害者が北朝鮮に帰りたくないと言っているのに日本政府が帰したら拉致の共犯になってしまうとマスコミに言っていました。交渉の過程で「一旦北朝鮮に帰す」ということで調整した経緯があるにしても、本人たちが帰りたくないと言っているのに日本政府の権力で帰すわけにはいかない。その部分については安倍さんを応援したんです。

私が「拉致問題の解決なくして国交正常化なし、国交正常化なくして経済協力なし」と言ったとき、社会党系のかなり有力な議員からこんなことを言われました。「高村さん、朝鮮民族というのはとても誇り高い民族だ。拉致を認めろと言ったって認めるわけがない。だから、そんなことを言わないで国交正常化した方がいい。国交正常化したら、拉致されたはずの人がいつの間にか東京の街を歩いているかもしれない」と言ったんです。

三浦　ええっ、そんなことを言う議員さんがいたんですか。

高村　誇り高い民族ならそもそも拉致なんてしないと思うんだけど……。「あなたみたいな有力な人がそんなことを言ったら、北朝鮮は拉致にほっかむりしたままでも経済協力をとれると思うかもしれないじゃないですか。そうしたら拉致問題の解決が遠のくばかりだ」といって反論したんですけど。

それから、ずっと後になって民主党の有力者がこんなことを言ったのもよく覚えています。「拉致という悪いことをした国に、拉致をやめたからといってご褒美を上げるとはどういうことだ」と。これは全く問題の構造を理解していない。

三浦　そういう考えの人が結構いるんですよね。

高村　日本はどこの国とも仲よくしたいし、国交を結びたい。だけれども、拉致という悪いことをしたから、制裁措置として国交正常化はしないと言っている。逆に言えば、拉致を認めて彼らを全部日本に帰せば制裁を解いて国交正常化し、それに伴う経済協力も実施するわけです。

三浦　高村先生の立場というか、考え方があまり理解されていないですね。全体像というか、パッケージが理解されていないんです。だから、あるときはタカ派に見えて、あるときは拉致にこだわっているように見えて、あるときは拉致に対して冷淡に見えたりする。

高村　拉致被害者の家族にお会いした時は、涙がこぼれるぐらい同情したけど、「ガツンとやれば帰ってくる」という話じゃなくて、外交で取り返す以外ないですから。

三浦　青山繁晴さんのように「ガツン」とやるラインは一部の層には受けはいいですけど、拉致被害者の居場所をインテリジェンスを通じて特定し、奪還作戦を実行するための装備を揃え、訓練を行うというのは大変なことです。しかも、装備を充実させて準備をしても成功確率が高い作戦にはなりようがない。現に、自国民が拘束された場合にも、米国もそのような作戦は多くの場合実行できていないわけですから。そのとき、自衛隊員が犠牲になったらどうするのか、人質となって北朝鮮に拘束されたらどうするのか、そこまで考えるのが安全保障であり、外交です。私も、親になってからは拉致被害者の方のお話は、涙なしには聞けません。けれど、そのような厳しい判断をできるほど日本国民は安全保障を詰めて考えてはいない。

高村　青山さんと私との間には一種の友情がありまして、青山さんは私を攻撃しないんですよ。昔、私が日中友好議員連盟の会長になるずっと前の話ですけど、当時は共同通信の河本派担当記者だった青山さんに「高村さんは中国派ですか、台湾派ですか」と聞かれたことがあります。それに対して、「俺は日本派だ。台湾海峡が波静かであってくれればそれでいいんだ」と答えました。私は忘れていたのですが、その発言を評価していた青山さんが思い出させてくれました。私は中国が台湾を武力解放するといったら絶対反対するし、台湾の人にも安易に「独立」なんて言ってほしくない。日本は中国と国交を結び、台湾とは非政府間の実務関係を維持している。現実的な平和主義を貫いているわけです。でも、私が日中友好議員連盟の会長であることを不思議に思う人もいるでしょうね。

三浦　世間から見たときに、そこの深みが理解されていないんですよね。それは先生の懐の深さでもあるし、自民党の懐の深さでもあるんですが、日本を全体として捉まえて外交も民意も大きなテーブルの上に置いて考えるという態度自体が、野党のナショナリストにはちょっと欠けているように思います。
北朝鮮の話でいうと、これは田中均さんが田原総一朗さんにリークされた話なんですが、彼がアメリカとの仲を取り持つということで北朝鮮と話をつけていたのに、アメリカのブッシュ政権が最終的に政治判断で日和って、結局アメリカは北朝鮮を放置した。実現していたら日本の外交的な偉業になったと思いますが、日本のとりなしがうまくいかなかった。本質的に悪いのはもちろん北朝鮮なのですが、この件で北朝鮮はアメリカに裏切られたと感じていて、その後核開発を加速させた。拉致に関しては「北朝鮮にいったん帰す」という約束を果たさなかったから、日本に対しても「裏切られた」と思っている、と。

高村　細かいことはわかりません。わかりませんが、今の段階では拉致と核ミサイルの問題を一緒に解決する以外ないんです。拉致だけ解決したからといって大型経済協力ができますか？　国交正常化して、大型経済協力して、その大型経済協力で進歩した核ミサイルが日本に飛んできたなんてことになったら漫画みたいな話でしょ。

三浦　それは今になったから、なんですか。

高村　いやいや、小泉訪朝の前からずっとです。私は小泉さんと冷たい関係であると思っている人が多いようですが、小泉訪朝は全面的に支持しています。アメリカと北朝鮮が直接交渉するにしても、拉致・核ミサイルが解決するためには、日本の大型経済協力があるということがすごく武器になる。

三浦　北朝鮮の政権は、核ミサイルは絶対に手放さない。しかもイランより開発は進んでいるので、もうイラン的なプロセスを入れることも無理ですよね。

高村　日米同盟は北朝鮮が日本に決定的な打撃を与えるのを抑止することは出来ますが、日米韓の説得だけじゃ北朝鮮は言うことを聞かない。だから国際社会、特に中ロ、その中でも特に中国を本気にさせることが絶対必要なのです。ただ、中国が本気になって油、食料をとめたらどうなるか。北朝鮮の出方は読み切れない。

中国がそこまで決断するのに、アメリカのある種の決断が作用するかもしれません。非常に複雑だから「これだ」という決定的な策はない。

「トランプ大統領」で日本外交の選択肢は増える

三浦　私は政治学者なので、情勢を眺めては思考実験を繰り返すのが仕事の一部ですが、まずトランプ旋風をどう見ておられるかということを伺いたいと思います。

高村　前にも言いましたが、トランプさんの考えは80年代の終わりの安保ただ乗り論そのものです。「アメリカファースト」でモンロー主義的な考え方もあるかもしれないけれども。

三浦　これは撃退できるんですか？　トランプ大統領に「経緯はこうなっています」と説明すれば。

高村　日本も説明するけれども、アメリカの中の人が必死に説明しているでしょうね。

三浦　ここからは思考実験なのですが、トランプ大統領の誕生で日本には独自外交の余地が高まるでしょう。ロシアに関しては、トランプ大統領は劇的に動く。ヒラリー大統領だったら、同じ民主党ですし、オバマ政権8年間の与党としての継続性があるから、外交は大して動かせなかった。

高村　「知らない鬼より知った鬼のほうがいい」という人がいるが、トランプさんの言ったことで、どれが不変の信念にもとづくものか見極める必要があります。

三浦　トランプ大統領の方が、日本のできること、動かせることの余地は高まる。そこにはもちろん、リスクもありますが、チャンスを見出す部分はありませんか。

高村　リスクの部分について、その時必要なのはアメリカの前方展開戦略にとって日本がどれだけ役に立っているかをよく説明するということでしょうね。

トランプさんに言わせれば、「そんなのは日本の勝手だ」と言うかもしれないですが、日本の予算の中で防衛費を劇的にふやすという選択肢はないんですよ。日本の予算が大体100兆だとすると、その半分は国債費、それから地方に行く。中央政府に残されたのは50兆。30兆は医療・福祉で、防衛、公共事業、教育に5兆ずつ、その他が5兆という配分になる。

三浦　しかし、例えば北朝鮮に対してはいきなり乗り込んで融和路線を図るという、ニクソンショックならぬ「トランプショック」の可能性もあるというふうに私は見ているんです。トランプはロシアに対してリップサービスをかなりしています。ロシアに対するリップサービスが意味しているのは、多分トランプの場合は外交思想よりも国内の国民感情を読んでいる、ということだと思います。ロシアとの融和を通じて、例えばシリアで協力することでイスラム国に対して「勝利宣言」できるところまでもっていくとか。

2012年にミット・ロムニーさんが共和党の候補になられたときには、ちょっと過激なぐらいロシアとイランを攻撃されました。そのときにオバマ大統領は、「ロシアは脅威ではない。かつての冷戦とは違う」とおっしゃいましたが、ロシアの側から見ると8年間にわたってロシアの安全が阻害されてきて追い詰められてしまった。だからウクライナにも介入した。クリミアについては、欧米ではロシア側の立場がまともに取り上げられることはほとんどないけれど、そこには、ソ連時代からの経緯を含めたロシアなりの理屈があります。現在の国際法に照らして大問題であることはそうなのだけれど、だからと言って、例えばＮＡＴＯ（＝北大西洋条約機構）とロシアが熱戦をやる可能性は皆無です。新冷戦だと言って事態を煽った専門家もいたけれど、私は、ロシアをＧ８から追放したことも間違いだったと思っています。

そんな中、トランプはアメリカの共和党支持者の中にいまや反ロシアの気運は希薄であると見抜いたんだと思います。憎しみの対象は、彼らが侮蔑用語で「ハッジス」と言ったりするターバンを巻いた人たち、すなわちムスリムになった。敵対しているのはムスリムではなく、イスラム過激派なわけですが、人口的に見てもムスリムは長期トレンドで増えている。トランプは、イスラム過激主義が米国の主敵であると外交演説で言っています。ムスリムが人口的にふえていること、彼らがキリスト教や西洋の概念になじもうとしないこと、そうした事実から過激主義を生み出すムスリム社会こそ大きな脅威だというふうに捉えているんだと思います。
今、アメリカの新聞の調査を見ると、共和党支持者のプーチンやロシアに対する好感度が高まっています。トランプ支持者には特にそれが顕著です。アメリカの中に劇的な変化の芽が生じていることをどうみるか。
トランプ大統領の誕生で、日本はゼロから物事を考える必要が出てきた。それでも「米軍の存在は必要であるが、予算はこのぐらいしか出せない」という事実は変えられない。ただ、ロシアともっと近づくとか、北朝鮮をインドやパキスタンと同じように位置づけて核保有を認めてしまい国交を先に結んでしまうとか、何か劇的なことを用意しておくべき時期に来ているのかなと思っているんです。

高村　北朝鮮の問題で、日本にとって好ましい解はないんですよ。だから、三浦さんが言う好ましくない解も一つの選択肢ではある。すごく嫌ですけどね。

三浦　今までの議論の系譜でいうと、田中均さんは明らかに安全保障に関心があって、米朝を和解させることに興味があって北朝鮮に行かれた。一方、自民党の中には、拉致被害者という外務省が長年軽視してきた存在に目を向けるというインセンティブがあった。それを統合した形で小泉総理が平壌に行かれた。そこで「拉致か核ミサイルか」っていう争いが生じたと思うんですね。

ただ、ここまでくると、拉致も解決していないし、核ミサイルはもう事実上保有してしまったので、話のバランスが成り立たなくなってしまった。だとすると、かつて六か国協議で言われてきたような、「日本は拉致ばっかり考えている。核ミサイルのほうが本当の危険じゃないか」というような各国からの批判や外交専門家からの批判というのは、もはや当たらなくなってきている。だったら日本が宥和策を取るのも一つの選択肢ではあると、ちょっと前から考えるようになりました。

高村　私の立場では「そうですね」とは言えないですよ。まだ拉致と核ミサイルを解決して国交正常化するという可能性がゼロだとは私は思っていないので。現実に可能であると申し上げるほど楽観的じゃないですが、不可能だと言い切るほど諦めているわけでもない。

三浦　しかし、共産主義体制で人権侵害もたくさんあり、核保有もしている中国とは、我々は隣り合わせに生きていますよね。改革開放をした核保有国というのを、我々は中国という形で持っているわけですから、不可能ではないというところまで考えておかなければいけないと思います。

高村　あらゆる選択肢を最初から排除するつもりはないんです。実現可能で、そんない選択肢ってありませんから。

三浦　そこが自民党、特に先生が象徴されている考え方の利点だと思うんですね。先ほどの「俺は日本派だ」とおっしゃったのとつながっていると思いますが。その矛盾を受け入れて、いま現在求められている合理的な判断をする。しかも長期的に日本の利益になるように。

前章のお話の中で印象的だったのは、日中の漁船衝突事件の分析です。ちゃんと事態の推移を長期的な視野で考えておられる。

高村　長期的って言っても、そんな長期じゃないですよ。

三浦　自民党は中国との関係においても非常に幅が広いですよね。それこそ現幹事長の二階俊博先生が経済人を引き連れて訪中されたりする一方で、総理が靖国に行ったりもする。その幅の広さが自民党の特色かなと思っています。

安全保障論議はなぜ深まらないのか

三浦　周辺事態法について、ちょっと伺っておきたいことがあります。
　確か2015年の5月頃だと思いますが、日本外国特派員協会かどこかで田中均さんが講演されています。そのときはちょうど安保法制の審議中でしたが、田中さんは「周辺事態法のときにもう少し変えておくべきだったのかもしれない」とおっしゃっていました。田中さんは「我々」っていう言い方をされたんですが、「我々としては、現況の脅威に照らして、これだけの改正で十分だ。それ以上は難しいからしょうがないと思ったけれども、もう少しちゃんと変えておくべきだったのかもしれない」と。15、16年前の周辺事態法のときにやっておかなければいけなかったことを、今回の安保法制でやったというふうに田中均さんは整理されているようです。
　世間の認識にも、「なぜいま安保法制が必要なのか」という議論があると思うんですが、高村先生も湾岸戦争の頃に気づかれて、このままではまずいと思われていた。でも、世論はなかなか理解できないと思います。「え？　何か先月まずいことあったの？」というぐらいの感覚で世間は見ているので。
高村　田中さんが「周辺事態法のときにこうやっとけばよかった」というのは、どの部分を言っているのかよくわかりませんが、ひとつ言えるのは「周辺」っていう言葉を使ったのが間違いだった。

三浦　もう一つ田中さんがおっしゃっていたのは、個別的自衛権の範囲をそこで広げてしまった。つまり、朝鮮半島有事に限っては、後方支援やその他の活動の中で明らかに個別的自衛権の中に落とし込めないものを「個別的自衛権」という整理の中で進めてしまった。だから、個別的自衛権の範囲で実は結構いろんなことがやれるんだという印象に国民がなってしまった、と。

高村　確かに従来の内閣法制局の見解では、個別的自衛権はマルで集団的自衛権は100%バツとなってましたからね。何度も言いますが、憲法の最後の番人は内閣法制局ではなく最高裁ですから、法制局の見解にそこまでこだわる必要はないと思いますが、国会答弁の中には従来の政府解釈に当てはめて個別的自衛権を何とか広げようという知恵を働かせたものがあることは事実なんですよ。

だけど、それは本質的なことじゃない。田中さんが言っていることの主旨は分かりませんが、田中さんが「こうやっときゃあよかった」という案を出していたらおそらく法律は通ってないです。

三浦　何でそう思われるのでしょうか。

高村　何でそうなるかと聞かれても、周辺事態法だってやっと通ったんですよ。しかも素晴らしい外務大臣がいて（笑）。

三浦　なるほど。私はいま三十六歳ですが、若い世代として無責任なことを言わせていただければ、これまでの経緯は全部私が論壇で発信し始める前に起きたことなんです。私が論壇人として責任を持って発言をしはじめたのは、安保法制が最初なんですね。ですから、「何で日本はこんなことになってしまったのだろうか」という思いがずっとあります。これは、ある意味、冷戦後の安保論議をずっとリードしてこられた高村先生の口から聞きたいんです。日本はなぜ、私から見ると当たり前に思えることができないのか。なぜ安全保障の脅威を合理的に判断して、自らの能力を見定めて、必要な防衛装備を整え、外交施策を定め、最後の最後に平和憲法の理念を持ち出すという順番にならないのか。すべて必要な準備を整えた上で、「これは自衛の戦争になるかもしれないけれども、あまりにリスクが大き過ぎる。だから外交交渉を使って戦争ではない形で解決しよう。なぜなら我々は特別な平和国家なのだから」という順序の議論にできないのか。それが不思議なんです。

高村　それは9条2項が厳然として存在するからでしょう。一部の人たちにとっては、その文言そのものをクリアしなければ、あとのことは全部検討するに値しないことになってしまう。

三浦　戦力の非保持が物神化している、と。

高村　そして憲法学者がそれを権威づけて、私が言うところの空想的平和主義に凝り固まってしまう。日本が悪いことをしなければよその国は攻めてこない。そういう状態が一番いい。世界の国が全部そうなればいい。だから日本はその先鞭としてそうしている。その願望です。現実の厳しさよりも、まず願望が優先する。

そう考える人たちにもいろいろいます。人が攻めてきて相手を殺すぐらいなら従容として死につこうという理想主義者が、数はすくないけれどもいる。それから、それほどの理想主義者ではないが、日本が攻めないことが一番大切で、「よその国だって話せばわかる」と考える人たち。能天気な空想的平和主義者。第三に、「確かに攻めてくる国はあるかもしれないが、アメリカが全部やってくれるさ」と考える人。これも空想ですよね。最後に「ともかく全部国連に頼りゃいい。時間がかかるかもしれないけど」という人。国連が来てくれる前に攻めこまれたらどうするかがまるっきり考えられていない。

三浦　それは国連に戦力を拠出するつもりなんですかね。国連軍を組織するために。

高村　これはある時期の小沢一郎さん一派の考え方ですから、集団的自衛権はダメだけど集団安全保障はいいと言うかもしれない。「別の部隊を作れ」というのは、私は小沢さんが旧社会党系の人たちと妥協するために言い始めた理屈じゃないかと思っています。いわゆるＰＫＯ部隊です。「自衛隊がやったら憲法違反だけれども自衛隊じゃない別部隊がやったら憲法違反じゃない」って理解している人が結構いるんですよね。

安倍、石破、小沢の政治スタンス

三浦　参院選前の党首討論で小沢代表がおっしゃったことの中には結構見るべきご発言がありました。ひとつは、あの世代として「中国戦線の話を忘れるな」という話。高村先生は戦前の中国について、「日本陸軍が強かったのではなく中国陸軍が弱すぎた」とおっしゃっていますが、力の空白を埋める形で状況依存的な判断を積み重ねていくと、ああいう結果になってしまう。そういった議論は、おそらく小沢さん世代がいなくなればあまり聞かれなくなると思うんですね。この戦争の学びというものは、なくなってしまうのでしょうか。

高村　そんなことはないと思いますよ。ただ、過去を反省することが大切だからといって、現実を見ることを無視していいという話にはならない。非合理な戦争をやって、当然のごとく負けて、よその国にも多大な損失を与えた。まさに国策を誤ったわけですが、そのことに対する反省はずっと続くと思います。しかし、かつて日本が国策を誤って戦争を起こしたからといって、次も同じように日本が国策を誤って戦争が起こるというパターンしかないと思い込むのも短絡的に過ぎます。

三浦　それは当然ですね。残念ながら一部の野党には共有されていませんが。もしくは、共有されているのに、政治的な戦術として目を覆っていらっしゃるのかもしれませんが。総動員の戦争と現代戦の違いなど、もうちょっときちんと整理された話をしないといけないと思います。過去の戦争が失敗だったということは、一定の年齢層から上の良識ある政治家であればわかっている話ですが、安保法制では小沢一郎さんもこじれてしまったわけですし。

高村　小沢さんは政策の人じゃなくて政局の人だから。俺がやらないんだったら信用できないという部分はありますよね。

三浦　集団的自衛権の話だって、ご自分でやっていたらまったく違った判断になっていたかもしれないですね。郵政改革などの国内の経済改革もそうですけど。

小沢一郎さんはまさにそうだと思いますが、やはり「安倍政権がやるから」とか「自民党がやるから」という理由で安保法制に反対されている部分は大きかったと思われますか。

高村　そういう部分も一部あったでしょう。その意味で言うと、安倍さんはまったく逆ですね。安倍さんが1年生か2年生議員のときに、「自分は国民に対して自分の信条（心情）を率直に訴えさせてもらいます。そして、しかるべき地位を得たときには、現実をよく見て、国益を考えて行動します」って言ったのを聞いたことがあります。「こいつ、すごいこと言うなあ。単なる国会議員じゃ『しかるべき地位』じゃないと思ってるんだ」と感心しました（笑）。

彼の中にはロマンチストとリアリストがしっかり共存しているんですよ。

三浦　そうですね。論壇でも安倍総理の人物像をめぐる理解はちょっと平板な気がします。時の権力者ですから好き嫌いが前面に出るのはやむをえないですが、もう少し複合的な理解がなされるべきでしょうね。

高村　安倍さんの周りの人にはロマンチストの安倍さんに共鳴した人が多い気がします。

だからリアリストとしての安倍さんに付いていくのにちょっとタイムラグがあった。前にも話しましたが、集団的自衛権だって限定容認ですからね。それも「妥協のため仕方なく」ではなくて、「この憲法下では限定容認にならざるを得ない」と理解している。まさに立憲主義を重んじているんです。

三浦　その安全保障に対する見方が、例えば石破さんあたりとの違いかな、という感じがします。石破さんは安全保障をすごく大事だと思っていらして、「国家のいちばんの役割は国の安全を守ることである」というスタンスが感じられます。安倍さんの場合は、安全保障はもちろん大事だけれど、リアリストとして内政を含めて動かすことに優先順位がある。僭越ながら、石破さんと安倍総理の間の距離というのは、そこら辺から生じているんじゃないでしょうか。例えば稲田朋美防衛大臣という人事は、石破さんなら絶対なさらない。

高村　でしょうね。

三浦　そういった総理の安全保障に対する考え方というものを、どうお考えになりますか。

高村　まあいろんな見方があると思いますが、集団的自衛権の問題に決着をつけるとしたら、稲田さんの説明能力が役に立つと判断されたんじゃないですかね。将来のトップリーダーに育てるために、このポストを経験させることが必要だという気持ちもあったかも知れない。

憲法改正についてもね、「今の憲法は不磨の大典だ」と言わなくても、密かにそう思ってる人はたくさんいるわけです。だから、一部でも国民合意が得られる部分で改正可能だというところまでは示しておきたいとの思いがあるのかも知れない。ただ、自分の政権内で何が何でも9条改正というふうには考えておられないんじゃないですか。

三浦　それは私が2012年の選挙で自民党に票を投じた頃とはだいぶ状況が違いますね。

高村　9条2項を文言どおり読めば、「自衛隊は違憲だ」と6割の憲法学者が言うのはもっともなところもある。何で6割しか言わないんだっていうところもありますが。

例えば「私学助成」なんて文言どおり読んだら絶対憲法違反だと思いますが、自分が私学に勤めている憲法学者の先生方は絶対言わないですよね。9条2項だけは文言通りに読むのに。

三浦　そのあたりは結構、恣意的な判断が入っていますね。例えば、同性婚に関してはより革新的な方向で憲法を解釈してよいと言う一方で、安全保障環境の変化は認めなかったり。

与党内タウンミーティングという「擬似国会」

三浦　ちょっと話が戻ってしまうんですけど、自公協議の中では、その非常に固い憲法観を持っておられる公明党の方々と協議されましたよね。

高村　前にもお話ししたように、集団的自衛権の限定容認をめぐる部分に限って言えば、自公の協議は私と北側さんだけでやったんですよ。北側さんが言うには、本当にこれをまとめなきゃいけないと思ったのは、まだ自公協議が始まる前ですが、私と一緒に中国に行った時だそうです。日中友好議員連盟で、民主党の岡田さんも一緒でした。そのときに、私が日中関係を大事に思っていると感じたので、これはまとめなきゃしょうがないと思ったそうです。だから北側さんと私の考えはそんなに違っていないんですよ。最初のころは私に対して疑いを持っていたし、安倍総理に対してはもっと大きな疑いを持っていたかも知れないけれど。

三浦　なるほど。そのときはメディアを通じて世間が持っている認識に近いものがあったということでしょうね。
高村　北側さんは集団的自衛権について非常によく調べていました。今までの国会答弁の中には、今回集団的自衛権で対処するとされたケースで、個別的自衛権で対処可能と読める部分があるわけですよ。そういうところを持ち出してきて、「これは個別的自衛権で読めるのではないか」ということをかなり言っていました。ただ、「読めないところもある」ということは、最初から納得していたんだと思います。ご自分で「個別的自衛権では読めないところがある」ということを納得するためにいろいろ調べていらした。
　集団的自衛権の行使を「違憲」と表明したとされる1972年10月の政府見解では、自衛のための措置は、「外国の武力攻撃によって国民の生命、自由及び幸福追求の権利が根底からくつがえされるという急迫、不正の事態に対処し、国民のこれらの権利を守るための止むを得ない措置としてはじめて容認される」と書かれています。この法理の部分については、全部ちゃんと書いてくださいよというのが北側さんの強い要望でした。政府が試案として書いてきたものには、前段部分の「国の存立全うのため」は書いてあったけれども、「国民の生命、自由及び幸福追求の権利が根底から覆される」云々ということは書いてなかったわけです。

三浦　はい。

高村　前にもお話ししたように、それは安倍総理も入った上で決めていたことだから。だから私はほとんど交渉過程で安倍総理の了解を得に行ったってことはありませんが、その文言を復活させるための1回だけ、総理に了解を取りに行きました。

三浦　それをまとめて見解をすり合わせた上で、あとはひたすら自公の議員内タウンミーティングを二十数回繰り返した、と。みんなの疑問を一つずつ解いていったということでしょうか。

高村　平和安全法制は集団的自衛権の一部容認以外にも論点があったので、そういう部分を正式会合でやっていったのです。

三浦　なるほど。なんでこれを改めてお聞きしたかと言うと、自民党が何を考えていたかはもちろん、安保法制の法理の説明に関してメディアにずっと出られていた高村先生が、メディア以外のクローズドの中で何をしていたかを国民が知ったほうがいいだろうなと思うからです。本当は国会でなされるべきなのだと思いますが、そこでは十分に噛み合った議論はなされなかった。

高村　私はメディアでの説明でもクローズドな会合でもしゃべっていることはほとんど変わらないですよ。

三浦　高村先生に関してはそうだと思いますが、不幸だったのは、「砂川判決の認めた範囲内での法理」を、反対派は全く買わなかったんですよね。それでもう議論ができない状況になった。憲法学者が反対したのはもちろん、憲法学者じゃない人たちも。

高村　憲法学者には学問の自由があるのだから何を言ったって構わない。しかし、憲法尊重擁護義務を持つ政治家が、それを鵜呑みにし、憲法が「憲法の番人」と定めている最高裁が出した砂川判決を無視することを批判したんですよ。

三浦　つまり、憲法学者の言っていることを鵜呑みにせず、同じ土俵で論じられる人があまりいなかった、と。

高村　いなかったですね。たかが一国会議員の発言よりも憲法学者様の発言の方がありがたがられた。３人の憲法学者が「違憲」と言ったら、世論もワッとなびいてしまった。

自民党の憲法審査会の人たちは、「衆議院の憲法審査会は、現実に起こっている問題と絡めないで憲法そのものを議論する良き伝統が、中山太郎先生の頃から与野党で形成されていた。だから、憲法審査会のなかで憲法学者に平和安全法制の合憲性を問うこと自体がルール違反なんだ」と言っていましたし、それは正しいと思いましたが、「いまそんなことを言ったら引かれ者の小唄みたいだから俺は言わないよ」と返していましたけど。

三浦　自公で「違憲の心配がないようにしよう」と一致した範囲内で議論をしていた時には、いろんな具体例を出したり、「こういう場合の判断はどうなるか」という議論をされたわけですよね。もし、自公連立政権じゃなくて自民党単独政権だったら、これほどのタウンミーティングはなかったですかね。

高村　自民党をまとめたのは石破さんですが、同じくらいミーティングはやっていますよ。ただ、前にも言いましたが、最初の会合で私が講師をやったとき、自民党内からは正面からの反論はなかったんですよね。

三浦　自民党とは思想がちょっと異なる人たちが集まっている公明党に向けて説明を繰り返したというのは、いわば擬似的な国会ですね。もちろん野党のほうが敵対的で与党のほうが友好的なわけですが、これはなかなか例のない議論の過程だと思います。

高村　この頃に朝日新聞の一コマ漫画に描かれたことがあるんですよ。私がシュートしていて、北側さんがゴールキーパーでしたが、私は朝日の記者に「これは違うよ」と言いました。本当は北側さんがシュートする役割で、創価学会の人たちがゴールキーパーで止めようとしていた。私は北側さんにいいパスを出す役目。はっきり言って、信頼関係のない私が創価学会の人を説得なんてできませんよ。北側さんだからできたんです。

三浦　私のところにも公明新聞から取材がありましたが、お話を伺っていると大変だったのだな、というのが何となくわかりました。

高村　この頃、総理の桜を見る会で、たまたま金美齢さんと会ったんですよ。そしたら金美齢さんが「高村さん、苦しい？」って聞くんです。何か私がすごい妥協を強いられていると思っていたみたいで。「いや、私の思うとおり進んでいるから全く苦しいことはありません」と答えておきましたが。

外から見ていると、公明党も妥協を迫られたが私もすごい妥協を迫られて、妥協の産物として法案ができたみたいに思えるかもしれないけれど、はっきり言えば私の思うことと北側さんの思うことが一致したんです。

三浦　そうですね。それがだんだん明らかになってきました。

今回の集団的自衛権の行使容認を通じてとめどなく自衛隊の行動範囲が広がるのではないかという恐れがメディア空間にも世論にも存在していたと思います。それをもって今般の平和安全法制を超えた解釈変更は現行憲法下ではこれ以上できないと総理がおっしゃったのだと思うのですが、言明しないという選択肢は検討されたのでしょうか。

高村　総理の言葉を借りれば、根っこから変える場合は憲法改正になる。微妙な点が絶対ないとは言わないけれど、これ以上やるとなったら憲法改正でしょう。私がこの話を出したときに産経新聞が「これではグローバルスタンダードにならない」って書いていましたが、私に言わせればグローバルスタンダードじゃない憲法を持っているんだから当たり前の話です。

２０１４年４月６日の朝日新聞の社説では、「牽強付会とはこういうことをいうのだろう」というのが書き出しで、私の限定容認論を批判していました。今まで政府が言っていたことと違うから牽強付会である、ということ以外は何も書いていなかった。その社説については、「知的荒廃とはこういうことをいうのだろう」って批評したくなりましたが。

三浦　では、政府の判断としては、これから微修正はあるかもしれないと。

高村　微修正はあるかもしれないですけど、大きな修正はない。「わが国防衛のため」というのは、要するに砂川判決が認めた範囲です。私が芦田修正論をとらないのは、簡単にいえば最高裁がとっていないからです。最高裁が新しく芦田修正論をとってくれれば判断は変わります。

芦田修正論をとっているとおぼしき石破さんの理屈が間違っていると言うんじゃなくて、最高裁がとっているものでやろうよ、というだけです。私は立憲主義の権化みたいな人間ですから。

三浦　いや、ほんとにそうですね。そこはもう少し実像が明らかになったほうがいい点だと思います。そこが理解できないから不安に思う部分も世間にはありますよね。自民党は結局、憲法を大事にしないんじゃないか、と。憲法を改正するのがあまりに大変であるがゆえに、改正せずにどこまでも憲法に反したことをやるんじゃないかという漠然とした不安がある。

高村　小沢さんは、「自民党政権は立憲主義を無視している。この法律では、時の政府の判断で、適用範囲はいかようにでも広げられる」と言って批判していますが、一方で「憲法9条を改正してしまうとフルに集団的自衛権を認められるようになるから問題である」とも言っています。この二つの主張は矛盾していると思いませんか？

三浦　結局のところ、安保法制は私がこうやってお話を伺う前に思っていたよりも、自民党にとってしんどいことだったということがわかりました。

高村　私にとっては辛くないですよ。だって、この憲法を持っているんだからしょうがないでしょう。

三浦　私が申し上げたかったのは、変えることによるメリットが同盟上のメリット、つまり国益のメリットしかないことなんですね。党にとっては支持率低下につながりかねない決断だった。しかも、審議に時間をとられますから、たとえば経済改革など他のことがその間できなくなる。

高村　だから一国会で上げることが必要だったんです。

三浦　ただ結果的に野党がいろんな失点をしたせいで、自民党にはむしろ追い風になったのではないかと思います。

集団安全保障の議論はしなかった

三浦　ひとつ補足的に伺いますが、我が国防衛のための集団的自衛権ではなく、国際協力のための集団安全保障を位置づけようという議論はなかったのですか。

高村　例えば国際貢献のための後方支援は集団安全保障になりますよね。我が国防衛の集団的自衛権と、国際貢献のための集団安全保障は全く違う概念です。自公協議では我が国が武力行使をする集団安全保障の議論はしませんでした。しませんでしたが、結果的に集団安全保障もできるようになった。

三浦　それは、どういうことですか。

高村　どういう経緯かというと、安保法制で規定した武力行使の三要件（27頁参照）ってありますよね。例えば北朝鮮で動乱が起こって、集団的自衛権で日本がアメリカの船を守るというときに、国連決議が出たらそれは集団安全保障に変わるわけです。それが「集団安全保障だからできない」っていうのはおかしいでしょ。

三浦　おかしいですね。

高村　国連の決議がなくてできるものを、国連の決議が出たらできなくなるのはおかしい。でも、そうしたロジックを使って公明党のみならず公明党の支持母体も含めて説得する作業に北側さんは疲れ果てていました。だから、協議が大詰めの頃に、ふとした折に自民党の人が「集団安全保障もできますね」と言ったら、北側さんがものすごく怒ったことがある。「そんなことは法制局長官にでも任せときゃいいんだ！」と。

三浦　それは面白い。

高村　だから私もそこで収めました。集団安全保障については白紙だ、と。自公協議ではできるともできないとも言っていません。

三浦　でも、結構な変化があった部分ではありますよね。

高村　武力行使の部分ですね。集団安全保障のドンパチやる部分については、集団的自衛権と全く同じ三要件がかかりますよということで、私と北側さんの間で明示的な合意はなかったけど、私は握っていたと思ってます。

法案を審議するための国会の特別委員会では、最初の質問者として私が立ちました。そのとき法制局長官に、「これは国連決議が出たからってやめなきゃいけないということはありませんね」って聞いたら、「それは当然そうです」と応えた。これで集団安全保障ができることになったわけです。それが国際法上の集団的自衛権だろうが集団安全保障だろうが、どっちだって構わない。どちらでも武力行使の時は三要件がかかるということです。

三浦　実際には大した違いにはならないですが、「我が国防衛のため」というのが一番大きな縛りではありますよね。その中の自衛戦争の要件というものは、これは国際法をきちっと解釈していただいていると私は思っています。「外交を尽くす」とか「釣り合う規模の報復にとどめる」という点は、なかなか守られない部分ですが。新聞ではあまり、こうした部分への目配りがなかったですね。

高村　集団的自衛権という言葉狩りはずいぶんありましたけどね。

三浦　一方で、「自衛戦争はどういうときに認められるのか」と聞かれると、野党も含めて「攻撃されたら何しても構わない」ぐらいの粗い解釈なわけですね。防衛大臣経験者ですら、そういう解釈に近かった。

高村　本当を言うと個別的自衛権だって限定容認なんですよね。ミサイルでも何でも撃ち放題というわけじゃない。混乱するだけだから、わざわざそんなことは言いませんけれど。

三浦　でも不戦条約や国連憲章の解釈を積み重ね、「攻撃」の定義を国連で積み重ねてきたものが国際法と認められているわけですから、本来ならば日本のような解釈をしなきゃいけないはずですよね。中国がそれを踏み越えるような解釈をしたら、「それは国際法違反だ」というふうに私なら言いますけど。

高村さんは外務大臣のご経験がおありなのでお聞きしたいんですけど、集団的自衛権の話があったときに、日本としては国連の常任理事国入りを目指すという目標があるのだから、常任理事国入りを目指すのならば集団安全保障という「義務」と正面から向き合わなきゃいけない局面が来るとは考えなかったんですか。

高村　必ずしもそうでもないですね。集団安全保障は、加盟国がそれぞれ自国の法律に基づいて、やれるところをやればいい。けれど、国連決議でみんなで悪を討てとなった時に、常任理事国としてそれに賛成しておきながら、「自分は憲法があるので何もできません」というのは確かにみっともない。でも、これは非常任理事国だって、普通の加盟国だって同じなんです。「みっともなさ」の度合いの話です（笑）。

三浦　それに関連して言えば、自衛隊の軍事法廷が現憲法下では認められないのも問題ですよね。その問題はやっぱり積み残していると私は思っています。「軍人」を民間人が裁かれるような基準で裁いていいのか。裁きは緩すぎる場合もあれば、厳しすぎる場合も出てくるでしょう。これは憲法を改正しないとできない問題の一つですね。

高村　それは、これからの論点の一つです。

三浦　これまでのお話を伺っていると、自民党政権は世間で認識されているよりも相当程度自衛隊派遣に対し抑制的ですね。だから、軍事法廷で裁かれなければいけない事案が発生するような場所にはそもそも自衛隊は派遣しないし、情勢が悪化したらすぐ引くという運用になるように思いますけど。

高村　運用としてはそうかもしれませんね。ただ、そういう可能性まで織り込んで考えておくことは必要なことだと思います。

北方領土問題は解決するのか

三浦　話題が大きく変わりますが、外務大臣経験者として、現在のロシアとの関係や北方領土問題はどのようにご覧になっていますか。

高村　日本とロシアの関係は、北方領土の問題がつまずきの石となって飛躍的に発展しない。いくら日本人がよその国に比べて水に流す文化を持っているとは言っても、固有の領土を占拠されたままでは水に流しようがありません。加えて60万人の兵隊が抑留されて強制労働させられた問題も、島の問題が解決しない限り「現在の問題」であり続ける。日本人ってたいていソ連嫌いですよね。

三浦　ええ。戦略的な利害関係は一致している部分が多いのに、関係が発展してこなかった。

高村　しかし、ロシア人が嫌いかと言うと、必ずしもそうじゃない。チャイコフスキーは好きだし。

三浦　ロシア文学も好きですし。ドストエフスキーは相当ブームになりました。

高村　トルストイだって、みんな読んでないくせに何となく好きだし（笑）。文化が好きだっていうことは、その国の人も好きだということだから、うまくいく素地はあるんですよ。

　貿易量を見ると、対ロシアは中国の10分の1以下、韓国の4分の1しかありません。あそこには日本が欲しいエネルギー資源もあるし、経済関係はもっとずっと大きくて不思議はないんですが、北方四島がつまずきの石になって関係が発展しないというのは、日ロ双方にとって好ましくない。

　じゃあどういうふうに解決するかですが、外交で１００点満点ということはないんですよね。解決は極めて難しい。どういうふうな解決策があるかということは、内閣に近いと思われている政治家はあんまり言わないほうがいい。

三浦　そう言われると、余計に知りたくなりますけど（笑）。

高村　以前に私が内閣に入っていない時、非常に優秀なお役人が、北方領土交渉について「落としどころとしてこういうことを考えています」とわざわざ私に話しに来ました。私はそれに対して、「それでまとまれば諸手を挙げて賛成するけれど、根回しなんかしないほうがいいよ」と伝えました。日本人はバカじゃないから、決着すれば100点でなくても賛成してくれる。根回しなんかして途中で案が漏れたりしたら、たちまち「100点じゃないと許せない」という正義の味方たちが襲いかかるし、「落としどころ」が相手との関係では「出発点」になってしまう危険性もある。

三浦　北方領土は、以前は日本の国論はもっと固いのかと思っていましたが、先日鈴木宗男先生とある番組でご一緒した時に、もはや二島でもいけるかもしれないという気もしました。少なくとも、日本国民の納得感を高めるために、その方向で随分努力がなされている印象を受けました。

高村　私はそれにうなずくわけにはいかないんですよ。

三浦　以前はさすがに面積等分の三島くらいじゃないと無理だろうと思っていて、今もちょっとそう思ってるところはありますが、現実問題として、皆さんご存じのとおり三島目の国後島をロシアが軍事的に強化しているときに、そんなものを貰っても面倒臭いという感情がけっこうあるのではないか、と。

高村　これは首脳にお任せすればいい話ですよ。国民感情としてどうしても嫌だとなったら、理論的には条約の批准を拒否すればいいんだから。

三浦　その場合「どの政権がやるか」が重要になってきます。野田政権あたりがやっていた日には大変なことになっていて、それこそデモじゃすまなかったでしょう。右派にも支持されている政権でないと思い切った決断は難しい。国際政治の発想でもそうなんですね。二島返還ではあまりにロシアにとっておいしすぎますから。

高村　十数年前に、あるロシアの政治家が日本に来て、あちこちの地方に行って東京に戻ってきたところで話したことがあるんですよ。私は概ね、こんなことを言いました。アメリカは日本に原爆を2発落としたけれど、血を流して取った沖縄は返したから、日本人はアメリカが好きである。戦争当時のソ連は日ソ中立条約を破って、日本がポツダム宣言を受諾した後に北方領土を奪った。だから日本はソ連が嫌いだ。だけど、ロシアになって体制が変わった以上、ソ連とは違うかもしれないと思って期待している、と。

そしたら驚くべきことに、そのロシアの政治家はこう言うんですよ。自分は地方を回ってきたけれど、日本人はみんなアメリカが嫌いでロシアが大好きだ、と。これは日本人の悪いところで、目の前の人にはよく言うんだよね。
三浦　八方美人ですからね。
高村　だから、「お宅の大使館に日本国民がどこが好きでどこが嫌いかっていう世論調査があるから見せてもらえ」と言った覚えがあります。私はなぜか日露友好議員連盟の会長にもなっちゃってるんですが。
三浦　そうなんですか（笑）。
高村　だからロシアとも仲良くしたいとは思いますが、ある程度そういうネガティブな情報も知らせておかないといけない。日本人は目の前の人によく言いたいから、ロシア人に原爆の話でも向けられると「アメリカはひどい国だ」くらいのことは言いますから。もちろん、原爆を落としたことは本当にひどいことではあるけれど。
　だから、北方領土については、総理が決断したところで、国民がそれを受け入れられるかどうか判断すればいいんじゃないですか。

「イラン、ミャンマー、キューバに行きたい」

高村　日本とアメリカの関係って、日本国民はみんな「日本はアメリカの言いなり」だと思ってる。

三浦　そうですね。

高村　でも私が閣僚経験者でありながら96年に外務政務次官になった時、事務方に在任中に絶対行く国として挙げたのは、イラン、ミャンマー、キューバだったんですよ。「北朝鮮とリビアは行かないから安心しろ」って付け加えましたけど。

三浦　なるほど。

高村　どういう基準で選んだかと言うと、国際社会から孤立しているけれど、国際社会とうまくやりたいと思っている国です。日本は戦前孤立して国策を誤りましたが、同じように孤立している国でも、指導者が国際社会と宥和しようという気持ちがある国なら、話はできると考えたわけです。当時なら、ハタミ大統領が生まれたイラン。それからミャンマーは、アウンサン・スーチーが選挙に勝ったにもかかわらず軍事政権が政権を簒奪していましたが、キン・ニュンという後に首相になる比較的開明的と思える人が政府にいたんですよ。それからキューバも、革命の輸出みたいなことはやめていたし、国の中は割と人道的にやっているんではないかという感じが私はしていたんです。その三つの国に行くと。

キューバには結果として、ペルー大使公邸占拠事件で「犯人たちを説得してくれ」と頼みに行くことになりました。マスコミ向けには、「話がついたときに受け入れ先になってくれと頼みに行った」ということにしていましたが。

ミャンマーにも外務政務次官の時に行きました。キン・ニュンというのはまともに話せる人だなあと思った。ところがそのキン・ニュンが、民主化政策に着手した直後に汚職という名目で追放されちゃったんです。彼が追放されたので、その後はミャンマーとの関係は持たないと決めました。２０１２年にＮＨＫでキン・ニュンが自宅軟禁から解放されたと聞いた時には、会いに行きましたが。

イランについては、私が外務政務次官としてハタミ大統領に会いに行くとき、アメリカはあまり抵抗しませんでした。イランに行って、当時は国会副議長兼外務委員長だったロウハニという人に会いました。ロウハニさんは、大使館の説明では「保守派の人」

とのことでしたが、意外と柔軟でした。「イスラエルの生存権を認めないのは、いくら何でもおかしいじゃないか」って聞いたら、「いや、私たちはパレスチナの兄弟たちが呑める妥協案ができるならそれでいいんだ」と答えていた。「テロの支援はやめたほうがいい」と言うと、「占領地における抵抗運動はテロではない」。「占領地における抵抗運動であっても無辜の市民を殺すようなものはテロだ」と突っ込んだら、それ以上は反論してこないで、黙っていました。戻ってから大使館の人に、「あの人は改革派じゃないの？」と確認したら、「保守穏健派なんです」とのことでしたが。その時は、ロウハニさんが後に大統領になるなんて思ってもみなかった。

アメリカのメッセージをイランに言伝

高村　98年の後半から外務大臣になりましたが、99年にはＮＡＴＯによるコソボ空爆がありました。「これは支持するべきなのか」をめぐって日本政府で議論しました。人道的介入という空爆の理由は当時、国際法上は形成過程にあって、大丈夫といえば大丈夫だし、ダメだと言えばダメということでした。ただし、民族浄化のような事態も発生している中で、ＮＡＴＯが空爆するのを無下に反対とも言えない。だから、「理解する」でいこうということにした。

アメリカにはそう伝えたら、オルブライト国務長官からさっそく電話がかかってきて、「マサ、支持してくれてありがとう」と。「理解します」「支持してくれてありがとう」「理解します」と3～4回押し問答して、結局電話は切れました。

ちょっと時系列はあいまいなんですが、その前後に外相会談がありました。私はイランに行く計画を立てていたのですが、その外相会談で会った時にオルブライトが、「マサ、イランに行くのはやめてくれ」と言ってきた。でも、私が頑固なのを彼女も知っているから「どうしても行くというんなら、アメリカのイランに対する懸念を伝えてきてくれ」とメッセージを託されました。アメリカのイランに対する懸念は複数ありましたが、これは日本の懸念でもあるから、日本の懸念として伝えると約束しました。

その時、オルブライトが懸念していたことの一つに、イランに住んでいるユダヤ教徒がスパイの疑いで逮捕された件がありました。「正当な裁判を受けられそうもないし、死刑になるかもしれない。これについてはしっかり言ってきてくれ」と。

イランとの外相会談は、絶対盗聴されないような、プールの中の出島みたいなところで行われました。イランの外相にアメリカの懸念を伝えたところ、「ちゃんと弁護士を付けた正式な裁判をする。それから平時におけるスパイ罪には死刑はない」との答をもらった。それは事務方を通じてアメリカに伝えました。アメリカは喜んでいたそうです。

三浦　そうでしたか。

高村　私はロウハニさんに、彼が大統領になる前までに5回ぐらい会っているんですよ。2013年に彼が大統領になったんで、総理からの親書を携えて「核協議を進めてほしい」と言いに行きました。それが6回目ですが、西側の政治家でロウハニにそんなに会っている人はあんまりいなかったんじゃないかと思います。

会いに行く前にアメリカに伝えておいたら、アメリカからメッセージを託された。そのメッセージに対するイラン側の答ももらってきてアメリカに伝えました。向こうで私が言ってきたのは、「この核協議は譲り過ぎるぐらい譲ったと思っても、それで被った損害の100倍得するから絶対まとめろ」ということでした。駐日大使をしていたアラグチという第1外務政務次官が外務大臣とともに核協議の責任者を務めていましたが、彼から「核協議については譲り過ぎるぐらい譲ってやっている」という報告がありました。その意味では、イランの核合意では私も一定の役割を果たしたんじゃないかと思っています。

三浦　アメリカに「イランには行かないでくれ」と言われても、実際に行ってメッセージを伝えてくれれば「ありがとう」となるわけですね。アメリカの言いなりになっているわけではない、と。

高村　もう一つ、私が福田内閣の外務大臣時代には、アメリカの高官が日本に来て日本の高官に対し「アフガニスタンに輸送用のヘリ部隊を送ってくれ」という要請があったんですよ。日本側の高官はそれに対して、「自衛隊の能力ならやってできないことはない」という答え方をした。その後に外務省の役人が言うには、「アメリカの中でばかに期待が高まっちゃってる」と。その高官にしても「やる」と言ったわけではなく、「自衛隊の能力ならやってできないことはない」と意見を述べたまでだった。やるともやらないとも言ってないんです。

　どうも誤解があるようなので、アメリカのシーファー大使を呼んで、「日本はヘリ部隊なんて送れないよ」と言ったらびっくりして「いま言ってくれて本当によかった。アメリカでは期待が高まっていて、ブッシュ大統領から直接福田総理に言ってもらおうという話になっていた」と。

三浦　そんなやり取りがあったんですか。

高村　もし誤解がそのままで、ブッシュ大統領から福田総理に要請があっても断っていれば、「日本はアメリカに対しても言いたいことを言っている」と国民の評判はよくなったかもしれないけど、同盟にとっては良くない。よその国の独裁者に、「日本を攻撃しても大丈夫だ」と誤解されかねませんから。だから私だけじゃなくて、みんなアメリカの言いなりになんかなってないんですよ。できないことは早い段階でできないと言い、話をつぶしているから表に出ないだけで。

三浦　その点が、自民党が政権政党としての責任感が際立っているところですね。野党にも、個別には安全保障に詳しい先生はいらっしゃるけれど、政党という組織全体として政権を担うというところにリアリズムがないと感じます。野党が育っていないというのは、日本の政治や外交にとっては大変に不幸なことだろうと思います。次章では、そのあたりも伺っていきたいと思います。

第三章　政治の矛盾

三浦　第一章、第二章では安保、外交の話を中心に伺いましたから、この章では自民党や日本の統治機構のガバナンスの問題を中心にお話を伺いたいと思います。
早速ですが、自民党のガバナンスについては最近、党執行部に権力が集中しすぎてはいないかという指摘があります。その影響で、党の多様性が失われているとの見方もある。まず、こうした見立てについてのご意見から聞かせてください。

小選挙区制が生んだ「政治主導」

高村　私は中選挙区制が大好きな人間なんですが、党執行部へ権力が集中したことは、小選挙区制によって生じたただ一つのいいことだったと思っています。中選挙区制では同じ自民党の議員同士が足を引っ張り合うわけですから、間違いなく人間力が鍛えられる。人間力がなくても風が吹いたら当選することも可能な小選挙区制とはぜんぜん違う。私は好きな制度なんですが、いわゆる選挙制度改革が盛んに言われたとき、学界も言論界もメディアも「選挙制度改革に反対するやつ、中選挙区制を擁護するやつはアホだ」みたいな空気に包まれてしまった。こんなことだとまた日本は戦争やりかねないなと思うぐらい、改革一色に染まってしまいました。私は苦々しい思いでその世相を見ていたのですが、ちょっと別の視点を与えてくれた同僚がいます。柳澤伯夫さんって知ってます?

三浦　はい。

高村　厚生労働大臣だった時に女性を「産む機械」に例えて顰蹙を買った人ですが、あの方は私の同期当選議員の中で最も見識ある人なんですよ。当時、彼とちょっと立ち話したときに、「今度の選挙制度改革は官僚政治を打破するために避けて通れない道だ」と言われたのをよく覚えています。

三浦　どういうことですか。

高村　当時の柳澤さんの見方によると、政治は完全に官僚支配になっているが、これは当然で、官僚機構が本当によく組織されているのに比べ、政党の方は烏合の衆みたいなもの。今みたいな形が続く限り、それぞれの政治家がそれなりの見識を持っていても、官僚機構に分断されるに決まっている。政党政治を確立し、官僚から政治家の手に政治を奪取するためには、選挙制度改革をやる以外にない、と。

その理屈にはある程度説得されたんですよ。それまで小選挙区制は、マルか三角かバツかと言えばバツだったけれど、三角くらいにはなった。当時は海部俊樹内閣でしたが、海部さんから電話があって、「君、反対じゃないんだろうな」って聞かれたから、「いや、絶対反対とは言いません」と答えておきました。そのとき柳澤さんの言葉を聞いてなかったら、「絶対反対」だったんですけど……。

いま、行政府は本当に政治主導になりましたよね。そう思いませんか?

三浦　そうですね。随分変わった印象を持ちます。

高村　それは選挙制度改革で生まれた結果なんですよ。民主党が政権を取る前には、「閣僚とは国民を代表して内閣の中に入って官僚を監視する役割だ」なんて、閣僚をまるで監査役みたいに言ってましたよね。なのに政権をとったらワンマン社長になって、専門家である部下に対しても「我々は国民に選ばれたのだから黙って言うことを聞け」

というような態度になってしまった。そんな「政治主導」は困りますが、今は比較的まっとうな政治主導になっていると思います。

三浦　私は、日本の政治や行政について各国の状況と比較しながら見ていますが、例えば、米国では閣僚が任命されると通常は大統領任期の4年間は続けます。しかも、ほとんどの場合、政治任用の閣僚達はその道のプロです。そうすると官僚たちの動き方がまったく違ってくる。だいぶ変化はあったとはいえ、日本の閣僚の専門性と権威は道半ばと思いますね。どうしても、大臣適齢期の方に閣僚の椅子を回すという風習が残ってしまっている。安倍内閣になって、財務大臣の麻生さんや外務大臣の岸田さんあたりの主要閣僚はプロ化しつつあるのかもしれませんが。

高村　まあ、それはそうかもしれませんね。ただ、選挙制度改革の結果という意味で、政党政治の確立ということはまあまあ実現したかな、と思っています。それに対応する立法府はまだまだですが。

三浦　テレビの国会中継などを見ていると、「立法府はまだまだ」というのは本当に同意するところなんですが、行政府の方でも、政治主導になった官庁とそうでもない官庁という色合いの違いはあるんでしょうか。

高村　全ての官庁について知っているわけじゃないですが、たとえば外務省は政治主導になったんじゃないですかね。外務省の最高指揮官が総理大臣みたいになっている感じはしませんか？

三浦　ええ、ありますね。それは小選挙区制によるものと考えていいですか？　小選挙区制のもとで強い内閣が生じ、その強い内閣を通じて外務省における政治主導が成立している、と。

高村　そうですね。そういう部分が多いと思います。

三浦　個人的には拉致問題が顕在化してきたあたりから外務省に対する世間の信用が下がってきていたという印象を持っていたのですが、そうした風潮も関係していたのでしょうか。

高村　外務省自身の問題もあったかもしれませんが、拉致問題以降に世間の風潮が外務省に厳しいものになっていたとしたら、世論が「最後は北朝鮮の最高指導者を説得して被害者を帰す以外に方法はない」ということを分かっていなかったことも大きいと思います。あっちはあんな小さい国でこっちは経済大国なんだから、ガツンとやれば帰すはずなのに、そのガツンをやらない外務省は何だ、という感じがありましたから。

拉致問題を解決するために、何かガツンと打撃を与えたいと思ったとしても、日本にはそこまで決定的な力はありません。もちろん、日本独自の経済制裁などの政策手段はありますが、それで北朝鮮が決定的な打撃を受けるということにはならない。だとすると、取り得る路線は、「拉致問題を解決すれば国交正常化するし、国交正常化すれば大型経済協力もあって、韓国が漢江の奇跡を達成したようなことが可能かもしれませんよ」と北朝鮮の最高指導者に働きかけることしかない。その条件闘争の際に、拉致・核・ミサイルの問題は切り離せません。核ミサイルの実験を続けて世界に迷惑を掛けているときに、拉致被害者を帰還させたから大型経済協力する、ということはあり得ない選択です。

三浦　外交が政治主導、官邸主導になってきた結果として、これまで官僚が敷いてきた路線の一貫性から外れるような形でも意思決定が可能になってきましたよね。例えば日韓合意もそうだと思いますが、私の印象で言うと、外務省の今までの立場からすればちょっと譲りすぎじゃないかというくらいの判断だった気がします。結果としては良いディールだったと思いますが、私には衝撃があったんですね。

高村　そうですか。「これしかない」っていう結論だった気がするけれど。

三浦　結論については私もそう思います。ただ、外務省主導の外交だったら、やっぱり今までの一貫性という部分にもっとこだわっていたのかなという気がするんです。おそらく北方領土問題もそうだと思いますが。

高村　いや、外務省の側では「日本のトップが考えているのはこの辺だろう」という手を打っていると言う意味では、一貫性があるのかも知れませんよ。トップが「ここで一つ手を打つ」と決断してくれて胸をなで下ろしているかもしれない。分かりませんけど。

三浦　なるほど。

高村　政策を大きく変えるのは、官僚機構ではなく政治なんです。官僚機構の方では、何も変えないのが一番簡単なんですから。それがやりやすくなったのは、党の執行部や官邸の力が強くなっているからです。総理が替わったり、政権政党が替わったりすれば、当然政策の変更はこれからもあるでしょう。

「政高党低」か「党高政低」か

三浦　小選挙区制が官邸を強くし、結果的に外交も動かせるようになったというのはすごく面白いポイントだと思います。

　では、外交に限らず物事を決定していくプロセスについて伺いたいんですが、現在の官邸、政府、党の関係は望ましい状況になっているのでしょうか。

高村　なっていると思います。今は「政高党低」なんて言われますが、政高党低だろうが党高政低だろうが、国民のためになる政治がいい政治なんです。どんなに政高党低といわれる状況でも、政府は党を無視はできませんから。そのときの見せ方で、同じ状況でも違った受け止められ方になる。谷垣幹事長の執行部であれば、同じような力関係で決まったことでも政高党低と言われ、二階幹事長なら逆の言われ方をするかも知れない。

三浦　なるほど。

高村　例えば最近、「党税調の力が落ちた」ってよく言われてましたよね。法人税の引き下げに党税調は反対していたけれど、政府は押し切って20%台に引き下げた。だから政府が勝ったという見られ方になるわけですが、事実はそんなに単純じゃないんです。

　経団連の人が党に来て言っていたのは、「法人税減税の財源は、アベノミクスの上振れだけでまかなって欲しい」ということでした。課税ベースを広げて、全体で法人が負担する税の額が同じだということでは意味がないと。当然、党税調はものすごい反発ですよ。世の中的に見れば、当初、経団連の言ったことが政府の意見であり、党税調を押し切ったと見られるかもしれないけれど、全体の構図を見れば、党税調の意向が経団連に伝わり、経団連の榊原定征会長もちゃんと指導力を発揮して課税ベースを広げ、その上で法人税の実効税率を下げているんです。今までは利益を出している会社だけが負担していた税を、国なり地方自治体からサービスを受けているところは、利益が出ていなくてもサービスの対価としてそれなりに負担してもらうべきじゃないかとなったわけです。ちゃんと財源を捻出し、その上で法人実効税率を下げた。全体の構造として、赤字にして税逃れを図るのではなくもっと利益を出そうというインセンティブが働くようにしたわけです。だから、党税調の意見もかなり通っているんですよ。

三浦　小選挙区制が導入されて、政府と党の関係だけでなく、派閥の役割も変わったと思いますか。

高村　変わりましたね。思っていたよりもちょっと時間がかかったけれど、明らかに変わりました。

小選挙区制が導入された時、その後の政治がどうなるかというテーマで野中広務さん、与謝野馨さん、亀井静香さんと私で、どこかの雑誌で座談会をしたことがあります。その場で私は、「これからの派閥は害が少なくなって効用のみが残る」と言ったんです。中選挙区制の中での派閥は政党内政党で、政権を担う派閥の交代が擬似政権交代と言えるほどの存在感があった。存在感がありすぎて、政党政治が機能しなかった。今の派閥にそういう要素がゼロになったとは言いませんが、限りなく小さくはなりました。

一方、派閥の「功」の部分について言うと、強くなった党執行部に対する抑制機能があります。小選挙区制ではどうしても党執行部が金と人事を握るから、所属議員は執行部に文句をつけにくくなる。さっき、権力の集中は小選挙区制がなした数少ないよいことの一つと言いましたが、やっぱりバランスの問題は残り、派閥の存在が党執行部の強すぎる権力を和らげる働きをしてくれる。そういう意味で、派閥はますます必要になってきている。相当時間はかかりましたが、そういうふうになってきたんじゃないですかね。

派閥っていうのは一種の塾なんですよ。公立学校の先生で、できの悪い人ほど「塾は悪い」って言うでしょ。

三浦　言いますね。

高村　それと同じように、できの悪い党の役員は「派閥解消」って言いがちなんです。

でも、みんなが言われなくても集まって勉強しようとしている塾をつぶす必要なんて全くない。

筋金入りの平和主義者・河本敏夫

三浦　それでいくと、高村先生の派閥はどういうものを体現しているんですか？　経緯論に基づくのかも知れませんが、今までは派閥によってタカ派だとかハト派だとかありましたよね。

高村　私は今、「山東派の周辺居住者」と言っていますが、山東派（旧高村派）も全体としてはハト派なんじゃないですか。三木武夫という「日米戦うべからず」でずっとやってきた人が源流で、その後を継いだのが河本敏夫。河本さんは旧制姫路高校時代に配属将校の前で反軍演説を打って放校になったという筋金入りの平和主義者です。

三浦　放校になったんですか。

高村　放校された。退学です。この人の偉いところは、筋金入りの平和主義者ではあっても空想的平和主義者ではなかったことです。

私がまだライフワークとして外交を始める前の80年代に、外務省で国際緊急援助隊構想というのが持ち上がったことがありました。これについて「派閥で勉強しようじゃないか」ということで、外務省の課長クラスの人に来てもらったことがあります。国際緊急援助隊は自然災害などの緊急援助活動をすることを目的にしていましたが、その外務省の課長は「緊急援助隊には自衛隊を入れない」と言うんですよ。それで私が嚙みついた。「自然災害の被災地では治安も安定しないし、自己完結型の自衛隊が必要だ。自衛隊には緊急医療の専門家もいるだろう。それなのに自衛隊を入れないとはどういうことか」と。当時の中央官庁の課長クラスは新米代議士のことは内心バカにしていましたから、2人で言い合いみたいになってしまった。そうしたら、河本さんが途中で口を挟んだ。「ちょっと君！」と言うから「ああ、筋金入りの平和主義者に私が叱られるのか」と思ったら、外務省の役人に向かって、「自衛隊を入れないで緊急援助隊を作ったって何の役にも立たないじゃないか。何をつべこべ言ってるんだ」。

当時はまだPKOの議論も始まる前で、自衛隊を外に出すということは全くなかった頃ですから、外務省が「自衛隊を出さない」としたのはまあ無理もないところがある。しかも外務省は、「国際緊急援助隊は自衛隊とは別の部隊にしてくれ」などと言って、自衛隊が猛反発したりもしました。ともあれその後、外務省も方向転換し、自衛隊も入れることになりました。

三浦　そんな経緯があったのですね。

高村　河本さんの話をもうひとつしましょう。海部内閣の時ですが、国連平和協力法案が廃案になり、クウェート政府が湾岸戦争への協力を感謝する広告を出した時に、協力した国の国旗がずらっと並んでいる中に日の丸が入っていなかったことが問題になったりしていました。

当時、山崎拓さんが自民党の安全保障調査会長代理で私が国防部会長でした。山崎さんが私のところに来て、「海部総理のところへ一緒に行って、掃海艇を出して貰うように説得しよう」と声をかけてきた。そこで2人で官邸に海部総理を訪ねたのですが、けんもほろろでした。けんもほろろだったのは、そもそも掃海艇を出すことに海部さんが反対だったからなのか、山崎さん、加藤紘一さん、小泉さんの「ＹＫＫ」が海部内閣の足を引っ張っていることが気に入らなかったからなのか、そこは分かりません。海部さんは私にとって同じ派閥の兄貴分でしたから、後で風の便りに「高村は何で山崎なんかと来るんだ」と怒っていたと聞きました。

私はその直後に河本さんのところへ行きました。それで、「我々は湾岸戦争で学んだはずです。やっぱり国際社会で名誉ある地位を占めるためにも掃海艇を出さなきゃだめです」と言いました。そうしたら、しばらく黙ってから秘書を呼んで、「官邸に電話。海部君呼んで」と。海部さんはちょうど外出していませんでしたが、「じゃあ坂本君呼んで」と坂本三十次官房長官を呼び出した。「日本として掃海艇は出さなきゃ駄目ですから出してください。海部君によく言ってください」と坂本さんにメッセージを託した。河本さんは派閥の会長で、そこに所属している海部さんや坂本さんを君づけで呼んでいました。そのことがどれだけ影響したかは知りませんが、結局、日本は掃海艇を出すことになりました。

私がなぜ掃海艇を出せと言ったかというと、日本の掃海部隊は世界一の掃海技術を持っていたからです。しかもホルムズ海峡を通るタンカーで世界で一番多いのは日本の船なんですよ。なのに日本は何もやらないじゃ済まない。河本さんは海運会社のオーナーだったから、それはよく分かるわけでね。

でも、筋金入りの反戦主義者で平和主義者の河本さんが、自衛隊の掃海艇を出すために動いていたなんてことは誰も知らないですよね。河本さんには信念と現実的な判断力があったから、空気に逆らって平和主義を貫いたし、空気に逆らって必要なときには自衛隊を使えと言えた。私は政治家として立派だと思っています。

三浦　それは他の派閥ではないことなんですか。

高村　いやいや、どこの派閥だって私が知らない偉い人がたくさんいるんじゃないですか。

さきほど派閥の政党内政党的要素が薄れてきたと言いましたが、それは権力闘争の力が弱くなってきたというだけじゃなくて、それぞれの派閥の暗黙の政策綱領みたいなものが薄れてきたことでもあるんです。ただ、塾として政治家の人間力を鍛える場、人材を世に出す場としては有効に機能していると思います。

そもそも自民党所属の衆議院議員だけでも300人弱もいると、総理大臣が全員の顔を覚えるなんて無理なんですよ。どの政治家が優秀かなんて分からない。だから、派閥が「わが派ではこの議員が優秀です」とお墨付きをあたえるのは意味があるわけです。

候補者発掘をどうするのか

三浦　若手の方なんかは、私もまるっきり分からないですね。それこそ選挙があるたびに、どういう経歴なのかってちょっと見て、そのぐらいの情報で判断しているわけです。私は政治学者なので、その議員の方を国際会議なり勉強会なりにお招きできるだろうか、という目でも見たりしていますが、実際にお呼びしてみると、自民党だけでなく野党の側にも意外に面白い方がおられます。

民進党のように小さくなってしまった政党では出世も早くなりますが、自民党では雑巾がけの期間がずっと長いですよね。そういう仕組みの違いからは、どういう差が生まれるのでしょうか？　例えば前原誠司さんなんかは40代で代表を経験され、すでにいくつも閣僚経験をお持ちですが、仮に自民党にいたらまったく違うポジションにおられたでしょうね。

高村　どういう違いが生じているかはちょっと分からないですね。超特急で出世する人は自民党の中にもいないわけじゃないですが、嫉妬に耐えて、それなりの人間力が形成されるんだろうと思います。でもそれは、むしろ政治学者のほうで分析していただくとありがたいな。

三浦　では、現在の候補者発掘のシステムがどういうふうになっていて、今後に変えていくべき点があるとすればどういう点なのかをお伺いしたいんですが。

高村　今はやっぱり地方議員を経て国会議員になるというパターンが結構ありますよね。それから政治家の秘書とか、政治家の家族出身。いわゆる2世議員です。その他には経済界、労働界、官界。参議院だとタレント。わりと多士済々なんじゃないですか。

三浦　先の参議院選ではオープンエントリーで候補者を決めるということもやりましたよね。『プレジデント』で当時選挙対策委員長だった茂木敏充さんのインタビューをしたんですけれど、どちらかというと、これからはネットの方に手を伸ばしたいと考えている印象を持ちました。今は世代として新聞を読まない人が多いですから。

　ただ、予備選挙はアメリカでも普通に行われていますから、必ずしも若者向けというわけでもないだろうと思います。そういった「見える化」といいますか、オープンな候補者選びをする余地はあるんでしょうか。日本の風土において。

高村　いろんなことをやってみたらいいんじゃないですか。変えるということじゃなくて、付け加えるという意味で。

三浦　「これだ」という人がいない選挙区では、試行錯誤的に競争を入れてもいいかもしれないということですよね。自民党でも随分公募を始めていますし。

高村　一発試験と内申書とどっちがいいかっていう話はありますよね。入学試験なら私は一発試験の方が好きなんですが、政治家になる場合は、やっぱりそこに密着して、ずっと長く人に見られて認められた人のほうがいいという面もあります。だから全部公募というのはちょっとどうかとは思います。一長一短ですから両方あっていいのではないですか。

三浦　一時期官庁から永田町にずいぶんと人材が流れましたよね。その第一世代は、多分かなりの得をしたんではないかと思いますが、その後に政治が新しいシーズンに突入したので、後からいらした方は結構苦労されている気がします。御党でいえば、財務省出身の木原誠二さんも浪人を経験されましたし、最初は若手エリート然とした雰囲気だった方が宴会付き合い三昧で太っていかれたりするのを見ると、苦労が絶えなかったんだろうなと思って見ているんですが。

党から見た場合、官僚出身者にはどのような利点や長所がありますか。

高村　間違いなく偏差値は高いですよね。だからこそ高級官僚にもなれたんでしょう。ただ、政治家の世界は偏差値が高いだけで通用するところではありません。

三浦　それこそ現総理のおじいちゃまである岸信介とか、宮沢総理あたりまでの昔の官僚出身者と、今の官僚出身者はちょっと意味合いが違うのかなと感じています。党人的な要素をあまり備えているようには見えない、いま総理を補佐しておられるような多くの官僚出身の方々っていうのは、やはり総理候補にはならないのですかね。

高村　そういうのはなかなか予測できないんですよ。

三浦　ただ、党人的要素は必要ですよね。現在のように、総理個人がかなりポピュラーでなければいけない政治のスタイルを考えた時には。

高村　吉田総理の時代に、霞が関で次官まで務めた佐藤栄作なり池田勇人なりがピックアップされたのは、やはりそれなりの人間力があると判断されたからでしょう。いま出ているのはむしろ、「政治家になるなら若いうちに出たほうが得だ。官庁にいてもどうせ次官にはなれないし」っていう人が多いんじゃないですか。

三浦　辛口ですが、とても核心を突いているご意見のような気がします。

高村　私の同期の柳澤さんも大蔵官僚出身ですが、彼は田中六助官房長官の秘書官をやって見出されたんです。彼は苦労人だし、子育てもちゃんとやっていたんですよ。奥さんが画家で、娘さんの保育園への送り迎えもやっていた。

三浦　なのにあの発言ですか。

高村　ちょっと柳澤さんの擁護をすると、あれは特に女性蔑視ってことでもなくて、マクロ経済をやっている人なら出がちな発想なんですよ。ただ、発言というか、表現はまずかったですよね。あの発言も、他人から言われる前に「この例えはまずいですね、取り消します」ってその場で自ら取り消してるんです。だから、当初この問題を記事にしたのは一記者だけで、他の記者はすべて無視したんですが、後で無視した記者たちの方が上司から怒られることになった。

三浦　少し大きな視点で言うと、あの一件はフェミニズムが世の中のメインストリームに根付いていく過程で、どこの国でも行われたであろう象徴的な言葉狩りだった気がします。その象徴的な言葉狩りが行われた後には、みんなそうしたフェミニズム的な要素にちゃんと気を使うようになる。実際、政権を担う政治家から、柳澤さんのような発言はほとんど出なくなっていますよね。欧米の政治家などはやはり相当に気を使っていますし、その「政治的正しさ」にうんざりしている人たちが、トランプのような候補者を支持するような現象も生じています。
高村　私が若い頃はセクハラという言葉はなかったんですよ。だから、まるっきり気を付けていなかった。いまならセクハラと言われるような発言もしていたかもしれません（笑）。

政界に自浄作用は働いているか

三浦　ＮＨＫのＢＳ１で、毎回アメリカ大統領選のときにやっているドキュメンタリーがありまして、先日そのロケでアメリカに行っていました。アメリカではサンダース支持者の若者が、「ブランニューコングレス」（ＢＮＣ）という運動を立ち上げていまして、それを取材してきました。彼らサンダース支持者たちは、結局コングレス（＝議会）がだめだから、どんな大統領になっても革新的な政策が通らないと考えていました。だから自分たちが候補者を発掘しようと。もちろん保守的な選挙区には比較的保守的な候補者、民主党がもともと強いところでは民主党の中でも革新的な人を出すなどと考えているようですが、最終的には自分たちが大事だと思っている原則に則って選ぶ。それを２

年後に成功させようとしていました。左派系ティーパーティーですね。ポシャる可能性は大きいんですけれども。

高村　まあ、100％ポシャるとは言いませんけど、成功する可能性はかなり低そうですね。

三浦　アメリカでもいわゆる左派的な活動だと思われているようですが、それでも政治の自浄作用の一環だとは思うんです。BNCがそれをやれば、主要政党もやっぱり危機感を感じるでしょうし。そういう自浄作用は日本の政治に働いているのでしょうか。民主党政権になって自民党が野党に転落した結果として、そういった候補者選びの面の変化は生まれたのでしょうか。

高村　政権を失ってそれまでの政治家がどかどかと落選したということは、新しい人を選ぶという意味では絶好のチャンスだったことは確かですよね。その絶好のチャンスを的確に生かしたかどうかっていうのは、よく分からないな。

ただ、衆議院議員というのは、政権交代がない時でも3分の1は入れ替わるんですよ。自民党が負けた時は現職の3分の2が落ちました。次に民主党が負けたときにも3分の2が落ちた。だから、かなりの切磋琢磨はあるとも言えます。だいたい2年半か3年に

1回くらいは衆議院選挙がありますが、3年で3分の1の零細企業が倒産する業界ってあまりないでしょ。

三浦　そうですね。

高村　激しい競争があれば進歩するという見方が正しいとすれば、政界はどの業界よりも進歩しているはずなんです。その見方が正しいとすればですよ。

でも、政治の世界がものすごく進歩したかというと、そうは言えないんじゃないでしょうか。だから、何が何でも競争さえあればいいのかっていうと、必ずしもそうでもない。

三浦　政治の世界の競争のまずいところは、多様な競争になっていなくて、一方向の競争になっていることなんだろうと思うんです。その基準も日本政治の伝統で定められている感じがします。

高村　でも三浦さん、政治家を選ぶのは国民なんですよ。だから、こんなことを言うといつも叱られるけれど、この程度の国民だからこの程度の政治になっているというのは一面の真理なんです。内心では、「この程度の国民にもかかわらずこんな立派な政治が続いているのはすごい」と思っている政治家もいないとは限らない。さっき言ったように国民を批判するのは政治家のタブーなので誰も言いませんが（笑）。まあ、政治家は批判だけしておけばいいという文化も日本だけじゃないですけれど。

三浦　ふふ（笑）。でもよく分からないのはですね、私がメディア寄り過ぎるのかもしれないんですが、政治家の方と議論をしようとしたときに、まともな議論ができる確率が極めて低いんです。昔はできたのに今はできなくなってしまったのか。それとももともと政治には議論をする能力が必要ないのか。そう考えこんでしまいます。しかし例えば、安倍総理の答弁は、総理の個性に対する賛否は別として、とてもうまいわけですね。ケンカの仕方といいますか。

高村　私の仮説を言うと、安倍さんは子どもの頃あんまり勉強しなかったから、小理屈を刷り込まれずに地頭がいいままで残っている。

三浦　なるほどそんな気もします。トランプもそうですよね。トランプの強さっていうのは、やはり従来型の経路で縛られてないからだと思うんですね。地頭がよくなければ、あれだけのテレビ番組を成功させたりすることはできないはずです。

例えば、野党から集中的に攻められている稲田防衛大臣の答弁を見ている限りでは、やはりその種の才能があるようには思えない。つまり、決められた方針に基づいて弁護士としての弁はたつのだけれど、政治家の能力はそれとは違うところにある。要はトップリーダーになるための素養ということだと思いますけれど。

安倍総理の特徴としては、物事の基本的な捉え方というものを自分で持っていて、それで語ることができる。だから、応用が利くわけですね。防衛大臣が防衛大綱について聞かれたときに、基本の話ができずにすぐにディテールに入っていくというのでは、やっぱりメディアにも国民にも伝わらないですね。実際、分かりやすくないですし。外側から見ていると、議論のできるはずの人が政治の世界に入っていくはずなのに、それができない人が多いのはなぜなのか。

高村　ほんとに議論ができる安倍さんが総理をやっているが、そういう人は決して多くない、と。

三浦　そうですね。

議員の能力は人それぞれ

三浦　そうすると、多くの議員さんは議論する能力ではなくて、どういう能力を磨いているのか。総理になるような議員とそれ以外の議員では、役割が違うということなのでしょうか。

高村　磨く能力は議員によって多様なんじゃないですか。議論の能力は必要だが、磨く必要のある能力はそれだけじゃない。つまり、役割が違うというか、適材適所ということがあるのだと思います。

ちょっと思い出話めくのですが、私が1980年に初めて当選して、同期当選の連中と顔を合わせたら、バカみたいなことを言っているやつがたくさん来ているんですよ。当時は中選挙区制だから、今みたいに風で当選しちゃう時代ではない。同じ自民党の中に他にも候補者がいて、戦って通ってきている。だから、「こんなバカなことを言いながらでも当選してきているなら、俺の分からない何かすごいところがあるに違いない」と思って見るようにしました。そしたらね、確かにあるんですよ。それが何かっていうのはなかなか言い難いんだけど。

三浦　なるほど。面白いですね。見えていない部分があると。

高村「俺の分かる分野だけで優秀とか優秀でないとか決めちゃいけないんだ」というのを1年生議員のときに悟りました。

もう一つ私のことを言うとね、各省の役人と国会議員になるちょっと前から勉強会をやっていたんですが、そこの仲間の大蔵官僚から、「高村さんは2回目の選挙に絶対受からないと思ってた」と言われました。

三浦　そんな（笑）。

高村　彼は主計局で文教担当の主査をやっていたのですが、ほとんど知らない議員でもいろんなことを頼みに来るんだそうです。「高村さんとはこんなに親しく付き合ってるのに1件も頼まれた覚えがない。これで選挙できるはずがないと思った」と。

三浦　先生は人にものを頼むのが苦手なんですか。

高村　今はそんなに苦手じゃないですけど、人に何か頼むにしても、まず自分で整理しないと頼めないじゃないですか。

三浦　これまで高村さんがご覧になって、この人は総理になれるなって思われた人っていらっしゃいますか。

高村　絶対なると思った人はいませんでした。1年生議員のときは、「自分が総理になる確率は1％くらいはあるかもしれない」と思っていた。ついでに言えば、派閥の長には絶対ならないだろうな、と。結果的に、派閥の長にはなったけれど総理にはならなかった。

三浦　それは何故なのですか。どんなことが重なると総理になれるのでしょうか。

高村　まずは「なりたい」という意欲ですね。世の中の人は、政治家になりたいなんて考えるのはろくでもない奴ばかりだと思っているかもしれませんが、そうでもないんですよ。さらに総理になりたいなんてことまで思うのは、よっぽどのことです。どんなに大変かはわかりますからね。

三浦　それは、そのとおりですね。

高村　いま2世議員、3世議員が多すぎるんじゃないかという批判が時々ありますよね。でも私は、2世議員、3世議員が親の職業を尊いと感じて政治家になりたいと思うなら立派じゃないかと思う。だから、それが問題だとはあんまり思わない。問題なのは、一般の優秀な人が「政治家になりたい」と思わないことです。現実に働いている政治家というものを、普通の人は見ていない。だから立派な職業だと思うもなにもない。

しかも、優秀な人が政治家に求められる労力を他の活動につぎ込んだら、そっちの方が絶対に儲かるはずです。ついでに言えば、政治家にはプライバシーもない。変なことをしたら、すぐに『週刊新潮』とか『週刊文春』に撮られちゃう（笑）。通俗的に言えば、もともと割の合う仕事ではないんですね。

戦前の政治家で斎藤隆夫という人がいます。1940年の議会で反軍演説を行った勇気ある政治家です。ところが当時の議会は、軍部の圧力なのか「空気」におもねったのか知りませんが、斎藤を除名にしてしまった。しかし、その次に行われた1942年の総選挙、いわゆる「翼賛選挙」で、斎藤は大政翼賛会の非推薦だったにもかかわらず選挙区の最高得票で議会に返り咲きを果たしました。少なくとも斎藤隆夫を知っている人の範囲内では、戦争まっしぐらの時代の空気とは違う空気があったわけです。その人が言った言葉で、「国民から信託を受けて国民のために働けるありがたさを思え」というのがあります。彼の決断と来歴、選挙民との関係を知ると、重く響く言葉ですよね。現代の優秀な人たちが、斎藤隆夫の爪の垢でも煎じて飲んでくれるといいんですが。

三浦　その感覚はよく分かります。私の大学の同期で官僚になった人は、やっぱりそういう感覚を持っていましたから。

許せるポピュリズム、許せないポピュリズム

三浦　ただ残念なことに、官僚になった昔の大学の知り合いに会うと、10年たってもあまり進歩してないんですね。まあ、最初のキラキラした志を持ち続けている人も半分ぐらいはいると思いますけど、基本的には現状維持のベクトルが強く働く経路依存的な風土に自らを投げ込むわけですよね。その点は政治家になっても一緒なんだろうなと思っています。そうすると、その経路依存的な風土にあっさりと同化してしまって、志とか最初の思いみたいなものを失ってしまう人がすごく多い。そのあたりを改革することの難しさというのは、特に私から見ると地方選出の政治家の方に一番そのジレンマが存在するように思うんですけれども。

高村　あのね、私はポピュリズムは嫌いなんですが、民主主義の選挙には多かれ少なかれポピュリズムはあるんだろうと思っています。私が考える「許せないポピュリズム」は、選挙に当選するために、あるいは人気を得るために、政策を曲げることです。大阪維新の橋下さんが、「お祭りに行って票を集めるなんてポピュリズムだ」と言っていま

したが、私はお祭りに行って票を集めるのは許せるんです。それは政治をやるためのコストですから。でも政策を曲げるポピュリズムはあってはならない。

三浦　高次元の目標があって、お祭り的なものに代表される人気取りであるとか、ばらまきのような利益調整くらいならいいけれども、そもそもの目標を人気取りの点から設定するのは駄目だろう、と。

高村　政策をねじ曲げるのは国家国民に害をなしますが、政治家がお祭りに行っても害にはならないですから。ばらまき的なことについては、程度によるでしょう。

三浦　でも、それは必要な部分ですよね。最近よく思うのですが、全てのものを善悪二元論で判断し、一方を悪と断罪して全て廃するっていうことは、民主主義の国では無理なんです。一方を悪と決めつけるのも難しいし、それが本当に悪かも慎重に考えなければいけないですから、ときに利権というのは一番ましな悪なのかもしれないとさえ思います。

高村　まあ利権といっても本当に「私腹を肥やしてやれ」なんて考えている人はあまり多くなくて、ほとんどの場合は「その問題にどう向き合うのが正しいのか」をめぐる見解の相違から、対立する相手にはそう見えてしまう、というものが多いんですよ。

実を言うと私は、「国民医療を守る議員の会」という自民党の中の最大の議員連盟の会長なんですが、いわゆる社労族だったことはありません。だけどなぜか知らないけれども、日本医師会の会長ならびに社労族といわれる人たちが一緒になって私に「やってくれ」と頼んできた。たぶん、社労族じゃない中立派の議員の方がいいという判断になったんでしょう。

国民医療費を巡る議論の構造を言うと、一方に財務省があって、彼らは「医療費を切れ。今の国民皆保険制度を持続可能にするためにはそれしかない。だから薬価も診療報酬もできるだけ低くし、患者負担はできるだけ多くしろ」という立場。他方、日本医師会の方は、「いやいや、医療者側も安心して医療に従事できる環境を維持することが大切なんだから、医者のインセンティブを下げるような診療報酬の改定は大反対だし、患者の自己負担も上げすぎてはいけない」と言う。「どっちが正しいか」と言ったら、理屈だけならどっちも正しいわけです。財務省だって、何でもかんでも切れと言っているわけじゃないし、日医の人たちも持続可能な国民皆保険制度の維持のためには見直すべき点があると理解している。

国民医療費の問題を巡っては、しばしば日本医師会が「圧力団体」「利益団体」という位置づけにされがちですが、具体的にどこをどう改革していくかという議論をするには、やはり一番現場を分かっている医者の視点が欠かせないわけです。だから、業界は最初から黙ってろというのは間違いで、成り立たない話です。みんなが「国民皆保険制度は持続可能にしなきゃいけない」という合意のもとで、医療現場の人たちからよく話を聞いて、おそらく医療現場の人たちは「切れるところなんてどこにもない！」と言うだろうけれど、それでも「絶対駄目」な部分と「なんとか許せる」部分を見極めて、改革はしていかないといけない。制度というのは、そうやってちょこちょこ直すしかないでしょう。二項対立をつくって「一方を潰せ」っていうのは、あんまりいい進め方じゃない。

三浦　二項対立で利権と戦ってきた維新の場合は、小選挙区をまとめて取って地歩を築くためにもそのやり方が有効だったと思うのですが、その地で支配的な勢力となって定着すれば、遅かれ早かれ彼らも自分たちが批判していた利権構造の中になじまざるを得ない。二項対立を煽るのは過渡期には仕方ないと思って見ていますが。

　先ほどの「人気を得るために政策を変えるのが一番悪いポピュリズムだ」という話を踏まえて、高村さんが野党に対しておっしゃりたいことはありますか？

高村　民進党の代表になった蓮舫さんが「批判から提案へ」とおっしゃっているのは、諸手を挙げて賛成したいと思っています。ただ、政権を取る前の民主党も批判だけしていたわけじゃなくて〝提案〟もしていたんですよ。しかし、もし提案をするならば、それは実現可能な政策でなければなりません。実現不可能なことを提案してもらっても、それは提案に名を借りた批判にすぎませんから。

民主党は、「国の無駄を省けば16兆8000億の新たな財源が出る」などと荒唐無稽なことを言って政権を取った。だけど、3年の経過とともに、国民の鉄槌を食らって政権を失うに至るわけですよね。だからその過程をよく糧として、実現可能な望ましい政策を出してもらいたいと思っています。実現可能な政策とは、言い方を変えると、それほど国民受けの良くない政策ですよ。

三浦　これからは不利益の分配の時代に差し掛かってきますからね。

構造改革を支持する層が投票できる政党はあるのか

高村　自民党・公明党なら不利益の分配にも比較的耐えられると思いますよ。自民党も公明党も、野党のときに税と社会保障の一体改革を賛成することができた政党ですから。
三浦　そこは自制的ですよね。
高村　野田総理は前の2人の総理大臣に比べればまともでしたが、蓮舫代表、野田幹事長は野党のときにも実現可能な代案を出せるのか。
　多数決は常に正しいとは限らないが、長い目で見ると比較的正しい。少数の人を長く騙すことはできる。多数の人を一時的に騙すこともできる。しかし、多数の人を長く騙し続けることはできないですから。野党に言いたいのは、きつい言い方になりますが、多数の人を一時的に騙して政権を取ったけれども長くは騙し続けられなかったのだから、今度は5年10年は国民が納得するような提案を出して政権を取ってもらいたい、ということです。自民党が困るくらいの野党が出た方が、日本の政治のためになるでしょう。
三浦　民主党が政権を取れたのは、構造改革をやりそうな匂い、大きな政府としての分配政策、それと農家の人々や子育て世代に対する手厚い支援、そうした三つくらいの要素がミックスされたメッセージがあったからだと思います。そのミックスされたメッセージのうち、本来の左派政権の支持基盤とは別にプラスされたのは、構造改革を支持した層です。逆に言うと、その層が離れたことが、民主党政権が短命に終わった最大の原因であると私は見ています。

構造改革が大事であるということを、私はブログにさんざん書いてきているんですが、浸透するのは難しい。しかし他方で、構造改革という標語は保守イデオロギーと似たところがあって、「言うだけはタダ」なんですね。どうも蓮舫執行部もそうなんじゃないかという気がしています。田原総一朗さんがBS朝日でやっていらっしゃる「激論！クロスファイア」という番組で蓮舫さんをお呼びになったことがあるのですが、蓮舫さんはものすごく構造改革的なメッセージを出していらして、ちょっとびっくりしたんです。これまでの態度を端的に塗り替えるものでしたから。

ただ、最終的に政策に落としたときには、単に無駄の追及であるとか、公務員の利権に対するちょっとした見せしめ的なバッシングであるとか、そこに落ち着くんですよね。日本の政治の伝統では、構造改革もしくは規制緩和はあまり重視されていない。何か重点的な産業分野を支援するという一種の財政政策か、無駄の追及とか陰謀の追及の方が受けがいい。構造改革がなぜ民主党に根付かなかったのかと言えば、ＤＮＡに反しているからだと思うんです。ならば、構造改革的なことをずっと言ってきた維新はこれからどこへ行くんだろうかなと思いますが、自民党にとって維新のような勢力は、構造改革方面から自民党を押してくる勢力になると見ていらっしゃいますか。道州制というようなところでは手を組めるのでしょうか。

高村　道州制については、丸バツ三角で言うと私は三角なんですよ。私は基本的にあまり構造改革論者じゃないんです。制度をいじるよりも運用で改善できれば一番いいじゃないかという考えで、全取っ替えとか根底からの変革みたいなことはあまり考えない。成熟した社会では、その方がいいのではないかという基本的な考え方があります。

ただ一方で、地方分権についてはそうも言っていられない気がしています。私は根っからの地方分権論者です。ある支援者の方が、1980年に私が初めて当選したときの話を覚えていてくれたのですが、私は「みんなが地方から中央に陳情に来て予算をぶん取って帰るような仕組みはおかしい」と言っていたそうです。本人は忘れていたんだけど（笑）。私はその人から「高村さんは、政務次官も大臣も、外交、防衛、マクロ経済、税制、司法と絶対に国がやらなければならないものだけをやってきた」と言われましたが、確かにそうなんです。

私はその当時から、制度をいじらなくても運用によって地方分権はもっと進むと考えていたんですが、はっきり言ってほとんど進まなかった。だから、ちょっと考え方を変えて、道州制でもやらなきゃ無理なのかなあと思い始めているところです。道州制がほんとにいいかどうかは、まだ判断がつきません。都道府県というのはいま、良くも悪くも一つの文化圏になってるわけですよね。

三浦　その面は強いですよね。

高村　その都道府県の仕組みを本当に変えないと地方分権ができないのかどうかっていう疑問が一つあるし、道州制論者が時々「地方主権」なんていう言葉を軽々しく使うのが気に食わないということもあります。だから、もともと道州制にはかなり懐疑的ではあったんですが、最近は何か制度をいじらないと仕方ないのかな、という気になっています。

三浦　私も道州制が原理的に本当に優れたものであるかは分からないところがあると思っています。ただ、今の日本は、いろんな人が2020年以後の日本のビジョンというものを探しながらも、結局災害対策みたいなことしか言えないというひどい状況ですので、何かストーリーが必要なのだろうという気はしています。そのストーリーとして、道州制の実現というのは一つの可能性としてはあるのかな、と思います。

個人的には、私はストーリーは求めていません。私が子供を持つ女性だからかも知れませんが、日々の生活がよくなればそれで十分満足です。ただ、政治勢力の中心にいる男性的な国家観を持っている人たちにはストーリーが必要でしょう。

高村　そういう面はあるかも知れませんね。

三浦　「変われない」というのは日本の国柄みたいなところもありますが、変われない日本を少しでも変えるためには、なんでも民意に委ね過ぎてはいけない。で、何らかの黒船――それが道州制なのかＴＰＰなのか分かりませんが――が構造に作用することで、日本が変わっていく。そうするより仕方ないか、という考え方なんですね。

　自民党政治が続く中で、「改革が進まない感じ」というものが出てきている気がします。外交は実にうまくいっているのですが、政府に企業経営はできないのに、安倍政権はある種のターゲティング政策もやろうとしている。これは、なかなか理解されないところなんですが、政治家の方が例えば設備投資の必要性を訴えたりする時、町工場の割れたガラス窓を直すというアナロジーになるわけですね。しかし、町工場の割れたガラス窓を直すアナロジーで経済を運営することは、民間人からするとかなり怖い感じがするわけです。そういう意味で、中央政府であるとか政治そのものが決定する領域を狭めることが、今の日本の構造的な変化のためには大事なのかなと思っているところです。

「一本の矢」ではなく「千本の針」を

高村　自民党議員としては全面的賛成とは言いにくいですが、理解はします。実際、アベノミクスの「三本の矢」の3番目が遅れてるっていう話がありますが、これについて政治が出来ることは多くなくて、突き詰めて言えば「民間を縛らない」ということにつきる。規制緩和、ないしは規制改革です。規制改革というのは「一本の矢」というよりも千本の針。その千本の針を一つ一つ動かしていかなければしょうがない。ゼロベースで全てを新しくしろ、本当に必要な規制だけ新たにやればいいんだなんていう議論は、実態を知らない人が言うことです。

三浦　それはそのとおりです。

高村　もう20年前ですが、私が経済企画庁長官の時に阪神・淡路大震災がありました。その時の経済対策で復興・復旧のためや防災のための公共事業はやりましたが、その他の従来型の公共事業はいっさいやりませんでした。それから、既にあった規制緩和5か年計画を3か年に前倒しした。さらに、それまで予算をあまり出したことのなかった情報通信科学技術に3000億くらい積みました。今なら3000億なんて大した額に感じられないかもしれませんが、それまで予算を積んだことのない分野ですから当時は画期的と言ってもいいものでした。

この対策の原案を経済企画庁、大蔵省、通産省を中心に事務方が夜を徹して作って、「できた」という報告を受けて喜んでいたら、朝になって、規制緩和の前倒しについて橋本龍太郎通産大臣が「俺は聞いてない」と言ってきた。そこで、武村正義大蔵大臣に「通産大臣が聞いてないと言ってます」と伝えたら、「あの人はそういう人ですよ」と。「私よりも高村さんのほうが近いんだから、橋本さんと話してください」と言われて、橋本さんと話してみたら、前倒しに絶対反対というわけではなかった。要は「前倒しにはそれ相応の準備がいる」ということでした。規制緩和5か年計画を3年にすると言うならそれなりに準備が必要だし、人の手当も必要になる。それを大蔵省が認めるのか、と。それで武村さんに橋本さんの話を伝えたら、「ああ、そうですか。分かりました」となって、それで落着となりました。

正直、私も規制緩和にも準備が必要で人の手当が要るという感覚があまりなかったんです。しかも、規制を一つ除けたらそれによる経済効果がどのくらいあるかを推定し、ありうべき影響も考えて、一つ一つ話を進めていくよりしょうがない。既にできている規制というものは、何らかの理由があってできてるわけですからね。だから見直すのにもやはり時間がかかるわけです。

三浦　それは分かります。

高村　先日テレビを見ていたら、「スマホで領収書を保存すると経済効果1兆円」との話が流れていてちょっと驚きました。実はある外資系の人から、「スマホでの領収書の保存ということをやろうとしているんだけれど、当局がなかなか認めてくれない。これには5000~6000億の経済効果があります」という話を聞いていたんです。私のところには財務省の人間も出入りしていますから、「これ、よさそうだと思うけどどう?」と水を向けたら、「ああ、よさそうですね。ちょっと発破かけてみましょう」と答が返ってきた。その辺から急に進んだんだと思いますが、そんな風にテレビで報道されるような画期的な施策と思えるようなものでも、せいぜい1兆円なんですよ。日本のGDPの500分の1にしかならないわけです。だから、それこそ千本の針でやらなきゃ大きな政策効果は望めない。そういう経済効果がありそうなものを、あくまで民間からどんどん提言してもらわないと、政府だけでやるのは限界がある。

三浦　しかし、さきほどの高村さんのお話ともちょっとかぶってくるんですが、民間の側からすると政治に関わるのはハードルが高くて、しかも徒労に終わることが多いから、「やりたくないな」と思う人が多いと思うんです。

実は民主党政権のときに、当時民間で経営コンサルタントをやっていた夫が規制改革会議の下作業を手伝っていたのに協力していたんですが、ずらっと出したメニューを最後、民主党幹事長の輿石東さんが止めてしまった。輿石さんが止めた理由は経済合理性ではなく政治的な理由です。あのときの民主党政権には「何かできるはずだ」という期待があって、だから民間の忙しい人々も日夜協力していたのに、結果的に政治的理由で潰されるのを見ると、徒労感が残ってしまう。結局実現したのは、医療資格を持っていない介護士でも痰を取る措置をしてもいいよ、という程度の改革でした。千本の針というのはわかるのですが、やはり改革には大玉とそうでもないものがあります。医療や介護ならいわゆる混合診療ですし、農業なら株式会社の参入と土地保有の自由化のような大きな変化を導入しないと、日本はにっちもさっちもいかないところに来ています。それは、20年来言われていることで皆内心はわかっていることだと思うのですが。

高村　そうですか。

三浦　民間の立場から政治を経験し、そうした徒労感を経験してしまうと、「不合理な規制があるのはわかっているけどやりたくない」というふうに思ってしまいます。そんな経験をしている人はたくさんいると思うんです。社会保障にしても医療にしても、専門的な意見はずっと出てきていますが、テレビにものりませんし、規制改革会議でも落とされてしまう。

高村　確かに政府の責任もあるけれども、経済構造改革の分野では経済界の責任のほうが大きくないですか？

三浦　いや、それはやっぱり政府がやってくれないとどうにもならないものです。

高村　確かに政府がやらなきゃできない部分もあるけれども、ひとつ別の角度からの話をしましょう。

私が経済企画庁長官だった時なので、今から20年以上前ですが、当時の最大の問題はデフレじゃありませんでした。内外価格差です。要するに、日本の物価が高すぎる、と。「自分たちは一生懸命働いて稼いでいるのに政治が悪くて物価が高いから豊かな生活ができない」という話になっていました。

それで私はスーパーをいくつか視察したんです。大臣の視察ですから、当然マスコミは付いてきますが、そうした中でスーパーの経営者たちと話をした。当時は内外価格差が問題でしたから、私はどこに行っても、「規制があってモノの値段を安くできないということがあったら教えてください」と聞いていたんです。そうしたらスーパーの経営者たちは、一様にこう言っていました。「いや、公的規制があるわけじゃないんです」と。社会的規制、要するに二次問屋、三次問屋が存在していて現場から商品を直接買えない。そういう話だったんですよ。でも、「公的規制はほとんどありません。社会的規制なんです」という話を記者たちが聞いているはずなのに、翌日の社会面を見るとどこも「規制緩和を要望」という話になっている。

例えば混合介護は今でも公的規制はないはずです。農業は、農地の賃貸を認めたことによって、かなり参入がありましたが、さらに所有の自由化まで進めることは、抵抗を排除するエネルギーに見合う参入が期待できるか、かなり疑問です。

三浦　経営者たちから見れば、「自分たちではできないから何とかしてくれ」っていうことですね。

高村　かと思うと、20年経ったら今度はデフレです。私は言っているのですが、デフレになった本当の理由は「国民がそれを望んだから」です。確かに冷戦構造が崩れて社会主義圏から安い労働力がドッと入った。あるいは少子高齢化の影響で、人々がモノを以前ほど求めなくなった。それもデフレの原因としてあるでしょう。しかし、本当の理由は、政府もマスコミも1億国民も物が安くなることを望み、それが成功した結果としてデフレが生じたんです。

三浦　それはそうですね。だとすると次の課題は、その中でどう国家のビジョンを描くのかということになると思います。

高村　人間の健康の問題もそうだけれども、経済社会の問題も大切なのはやはりバランスです。何かだけが特別よい場合には、その半面で問題になっている部分が必ずある。かつての高コスト体質で内外格差2倍の時代なら、「もう少し消費者を大事にしなさい」となるのは当たり前ですが、現在のように消費者が王様になって消費者さえよければいいかと言ったら、やはり経済のバランスが崩れてしまう。消費者にとっていいのは価格が下がることだから、消費者の立場に立てばデフレは正義ですよね。しかしデフレはやはり企業人の志、企業家精神を破壊する。

三浦　確かにそうですね。

高村　お金をかけて物やサービスを作りだし、それをより大きなお金にして、その循環によって利益の最大化を図っていくのが通常の健全な経済活動であり、企業家精神ですよね。そこにはリスクテイクも求められる。でもデフレが常態化して、お金を黙って貯め込んでおけばそれだけで価値が増えるとなったら、企業家精神は萎えてしまう。企業家精神が萎えたら回り回って消費者にとってもよくない社会になる。全てバランスが大事で、誰かだけ、どこかだけがいい経済というのは望ましくない。

だから現在の安倍政権のように、経済環境として緩やかなインフレを期待するのは悪くないでしょうと。そうすると企業家精神も活気づくし、経済が好循環になれば給料も増えていく。

だけど、「これから物価を上げます」と言って選挙をやったのは安倍内閣が初めてじゃないですかね。デフレからの脱却とは要するに「物価上げます」ということですから。

「国益」がタブーだった時代

三浦　そうすると、今までの中長期的な自民党のテーゼの移り変わりというか、今後どうなるのかというのが気になってきます。私の大まかな時代認識だと、２００1年から

2009年くらいまでは構造改革の時代でした。その後、現在も含めて2020年くらいまでは景気回復や責任ある統治がテーマなんだろうと思います。では、2020年から後はどうなるべきなのか。

高村　私はね、世の中からわりと理念的な人間と見られることが多いんですが、実は状況対応型の人間なんです。だから、大まかの枠組みとか時代認識とかじゃなくて、できることは何でもやるし、できないことはやらない。それだけです。

三浦　今回お話を伺って、私もそれがわかりました。私が申し上げるのも何ですけど、それは政治家の資質でもありますよね。でも、私が考えているのは、安倍政権が長期化すると、やりそうなことはだいたいやりつくしてしまって、一方で政治的なリアリズムから放置されたままになるであろう不利益の分配の問題だけがその後に残る。だとすると、その後の政治を担うであろう小泉進次郎さんたちの世代に危機の部分だけが遺されるのじゃないか、と。

高村　危機と言えば今も危機だし、これからもずっと危機ですよ。たやすい時代なんて一度もなかった。けれどその危機を乗り越えていくよりしょうがないでしょう。だからそのときそのときで、できることをできるだけバランスよくやっていく以外にないんじゃないですか。

ひとつ、98年に外務大臣になったときのエピソードをお話しします。外務大臣になりたての頃、1時間ぐらいの講演を頼まれて、1時間分の原稿を外務省が作ってくれた。そしたら急に委員会が入って20分しか時間が取れなくなった。そこで私は全然違う話をしました。そのときに話したのは、「日本の外交とは日本の国益をかなえるためにやるものである」ということです。では日本の国益とは何か。第一に日本の平和と独立を守ること、国民の安全を守ること。第二にその中で豊かで繁栄する日本をつくること。第三に、世界の人からバカにされるより尊敬されたほうがいいから、世界に尊敬される日本にもする。私としては、バカでも言える当たり前のことを言ったつもりでした。

そうしたら、講演の後に若い外務省の役人達が私のところにお礼に来たんですよ。今まで役所の中で「国益」と言えない雰囲気があったけれど、大臣が言ってくれたので安心して使えます、と。これには逆に私の方がびっくりしてしまいました。98年の時点で、外務省では国益という言葉を言えない雰囲気があったんですよ。戦略という言葉もタブーに近かった。

三浦　それはちょっと驚きですね。

高村　はっきり言って、私が言ったことなんて素人でも言える当たり前のことですよ。外交は、その三つの国益にとって一番よいものを選んでいけばいい。目先のことではなくて、長期的に国益になる選択を続けていくこと。そういう単純なことなんだ。けれど、個別のテーマを深く勉強している人は勉強したことにとらわれて現実を見る目が曇ってくるところがあるから、そういうところは政治家の大局観というか、蛮勇ではない真勇が機能するんですね。

ちょっと話がそれちゃいました？

三浦　いえいえ。結局のところ、2020年以後も日本は、そのときに生じた難問をできるところから解決していくしかないということはよく分かりました。

そのときに一番しんどくなってくるのは人口動態の変化にどのように対応するかということだと思います。政府の支出の中で一番多いのは社会保障関連費ですが、社会保障を持続可能なものとすることが最大のテーマになると思います。次に、軍事や安全保障の問題。三番目に挙げるとするとTPPです。TPPそのものがそこまで大事というより、アベノミクスの三本目の矢は、個別にはあまり進んでいない中で、TPPの成立に賭けていた部分がある。TPPがあったからこそ進むかもしれなかった国内の改革が、アメリカが批准しないとなると進まなくなります。

高村　ＴＰＰの再交渉なんて受け入れられるわけありませんよ。ＴＰＰ交渉についての自民党の立場は、「聖域なき関税撤廃を前提とする限りＴＰＰ加入に反対である」でした。この言葉、誰が作ったか知っていますか？

三浦　どなたですか。

高村　高村正彦って人なんです。

三浦　そうでしたか。このレトリックは確かに高村さんっぽいですね。

高村　当時の自民党ＴＰＰ小委員会幹部会の状況を言うと、一方に農協出身の山田俊男さんを筆頭に加盟絶対反対派がずらっと並び、もう一方の側には川口順子元外務大臣以下の加盟推進派がずらりと並んでいた。私が文面を示して、「これでいきたいと思いますがいいですね」と両方に確認したら、山田さんは「結構です」との返事でしたが、川口さんは「ちょっと考えさせてください」と。そこで私は「『聖域なき関税撤廃を前提とする限り』と書いてあるでしょ。だから、それが前提でないことが確認できたらＴＰＰに入っていいっていうことですよ。これは川口さんのために作った言葉なんです」と言ったら、川口さんは「分かりました。それで結構です」となった。そうしたら今度は、それを聞いていた山田さんが「ちょっと考えさせてください」になった。そこで「さっき、いいって言ったじゃないですか。そもそもあなたたちは、TPPは『聖域なき関税撤廃を前提とするもの』だから反対だと言っていたはずだ。その条件が取り払われたのに反対するというなら、それは業界エゴそのものである」と言ったら、「分かりました。結構です」。両方のボスが賛成すれば、全体会議も賛成でおさまる。

三浦　すごいですね。その文章はその場で書いたんですか。

高村　いやいや、数日前から書いていました。私は当時、外交・経済連携調査会長だったんですよ。その下に林芳正さんがTPP小委員長としていらした。全体的には林さんがいろんなことを書いてくれたんですが、さわりの文言だけは私が作って両方を説得した。それで、そのことを公約に選挙を戦ったんですよ。外務省の高官からは「ずいぶん芸術的な言葉を作りましたね」と言われました。

その選挙に勝って安倍政権ができて、年が明けてアメリカから当時の国務次官補のキャンベルと、国務次官補を引き継ぐラッセル他10人くらいがやってきました。日本側は私ひとりでしたが、彼らはTPPにぜひ参加してくれと要望してきた。私は「自民党の選挙公約通りに、アメリカが『聖域なき関税撤廃を前提としない』と言明してくれれば交渉に入れるけれど、そうじゃなきゃ入れない」と伝えました。今でも覚えていますが、ラッセルは「日本にだけ、あらかじめ特定のことについて関税を撤廃しなくていいという約束をすることはできない」と言ったんですよ。私は、「そんなことを要求しているんじゃない。あらかじめ、『全ての関税を撤廃することを要求するものではない』ということを約束してくれればそれでいい。関税撤廃するかしないかは全て交渉で決まる。『聖域なき関税撤廃を前提としない』というのはそういうことだ」と返答しました。ラッセルはメモを取っていました。その後に総理がアメリカへ行って、オバマさんが総理に、ほぼ私が言った言葉どおりのことを約束してくれたんです。それで交渉に入ったんですよ。

後で経産省の人から聞いた話ですが、私の言葉を参考に、当時与党の民主党の中をまとめさせようと思ったけれど、まるっきりまとまらなかったとか。与党だけどまとまらない民主党と、野党でもまとまる自民党の差がそういうところにあるんですよ。

三浦　それで連想ゲーム的に思い出したのは、春の国会での当時の民主党・玉木雄一郎さんの質問で、「聖域なき関税撤廃ではないということだったが、それが守られたものを聖域の五九四品目の中から一品目でも挙げろ」っていう質問があったじゃないですか。

国会の質問としてはなかなかうまいのかもしれないんですが、その裏にある哲学として
どうしたいのかが、TPPに関しては民主党はあまりなかったんです。

高村　絶対反対の人と、私より推進派の人がいるだけでしたからね。

三浦　TPP交渉を担当していた経済産業大臣の甘利明さんが『週刊文春』でスキャンダルを報道されて大臣をお辞めになったときには、「これは中国の陰謀である」という噂がだいぶ出回りましたが、そうであってもおかしくないなと思うほどのインパクトがある交渉ではありましたよね。

自民党議員は「お勉強」をしない

高村　TPP参加のための文言をまとめたのは私のひそかな自慢話ですが、党をまとめた後はTPP交渉に一切関わりませんでした。推進派と反対派の調整が済んだところで、私の仕事は終わりました。TPPは聖域なき関税撤廃を前提としているかのごとく見えるんですが、そうではないということを日本とアメリカの間で確認し合えれば、対等の交渉ができるんですよ。

三浦　ＴＰＰも安保法制も、要となる党もしくは自公の調整はやられましたが、その後はやりませんというのは先生の美学なんですか。

高村　いや美学なんて高尚なものじゃない。対等な交渉条件を作るまでがゼネラリストとしての私の役割で、一寸の間合いを見極める交渉はスペシャリストにまかせた方が良いと考えたんです。平和安全法制についても、私が他の人よりプロであったのは集団的自衛権の一部容認についてだけですからね。

三浦　調整を得意としていらっしゃる方というのは、失礼ながら調整だけの方が多いという気がしますが、高村先生は自ら議論も主導されていますよね。調整と牽引といいますか、この二つのセットというのは、そういったリーダーシップスタイルを目指されてきたんですか。

高村　どういうリーダーシップを目指したなんて、考えたこともないな。

政治学者の方たちには分からないかもしれないけれど、自民党にはお勉強の好きな人ってあんまりいないんですよ。お勉強じゃなくて、政策立案の中でレベルアップをし、レベルアップする中で政策立案をしていく。その中で、膨大な知識量を誇る官僚たちから知識を吸い上げて、官僚以上の知恵を出す。だから一つ一つの仕事をやるごとに、それに関わっていく政治家自体がレベルアップしていくんです。政治家は実務とか仕事に関係しないお勉強なんてしないですよ。そういうことが大好きな人は一部の官僚出身議員や学者出身議員の中にはいるかもしれないけれど、お勉強大好きなんて議員はあんまりいないんじゃないかな。

三浦　でも先生はわりにお勉強が好きですよね。

高村　大嫌いです。抽象的なことを1人で考える、学問をやるようなことは好きじゃないんですよ。だけど、具体的な問題が発生して、それを何とかするために考えるのは嫌いじゃありません。

実は、私より10歳年上の2番目の兄が数学者でした。その分野ではわりと世界に名前が知られていました。その兄がいつも抽象的なことを考えていた。真理の探究自体に無上の喜びを感じる能力は私にはなかった。「それが何の役に立つの？」とつい考えてしまう。紙と鉛筆がなくても数学を考えられるのがプロだという兄の言葉に触発されて、具体的な役に立つことなら歩きながらでも考える習慣がつきましたが、抽象的なことは駄目です。兄はお茶の水女子大で教えていたんですが、『国家の品格』で有名になった藤原正彦さんを招いたのは私の兄だと聞きました。

国会も「グローバルスタンダード」にせよ

三浦　いろいろ伺ってきましたが、あとお聞きしなければいけないなと思うのは、国会ですね。現在の国会の仕組みについてはどうお考えですか。

高村　選挙制度改革を通じて官僚支配の政治から政治主導の政治になり、総理大臣は名実ともに社長になりました。しかし、仕事をしなければいけない社長が年がら年中国会に呼び出されるという異常な状態が続いています。年に1回か2回の株主総会に株主から質問を受けるというならいいですよ。だけど年がら年中株主に質問されていたら、会社経営はなかなか進まないですよね。

それでも政治主導にふさわしい国会にする努力はしてきたんです。だから総理大臣がいつも国会に出なくてもいいように党首討論をやることにした。あるいは副大臣を作って、それをお忙しい天皇陛下の認証官にまでして、実質的な答弁をできるようにした。にもかかわらず、質問する側の議員が自分の箔付けのために大臣からの答弁を望んでしまう。総理大臣という社長、閣僚という支社長たちが仕事をやることを邪魔しているわけです。でも日常茶飯に総理や大臣が国会に呼び出されるのはどうなのでしょう。

三浦　そうですね。

高村　だから、そういうところはグローバルスタンダードにしてもらいたい。世界の先進国で国会に呼び出される時間が圧倒的に多いのは日本ですから。

三浦　ではそうなったとき、衆議院・参議院はそれぞれどういった役割を果たしていくべきだと考えますか。

高村　日本は議院内閣制ですから、国会は政策立案に関与するのが本来の姿でしょう。与党はもちろん、野党も「影の内閣」を作るなりして、政策に対する具体的な提案をし、それをもとに議論する、ということじゃないですかね。

三浦　参議院はどういうふうになっていけばいいですか。

高村　純粋に理論的に言えば、国家が連邦制でも貴族制でもないのに二院制が正しいのかという議論はありますよ。だから、「二院が一院の賛成ばかりしているんだったら無益であり、反対ばかりしていたら有害である」という話になる。その言葉に正面から反論する能力を私は持っていませんが、では衆参を対等合併して一院制にすることができるかと言えば、不可能です。実務の観点から言えば、不可能なことを考えるのは無駄なこと。では、今の仕組みの中でどういう役割を担うのかですが、それは参議院の人たちが一生懸命考えていますよ。衆議院の側は、参議院の人たちが一生懸命考えていることをバックアップするっていうことじゃないですかね。

三浦　蓮舫さんは参議院議員ですが、政党の党首は衆議院議員の方が望ましいですか？

高村　私は必ずしもそうは思わないですね。私はかつて、林芳正さんに「参議院議員でも憲法上は総理になれるんだ」と言った人間です。

三浦　ただ、参議院は解散もないし、6年間も任期が保障されるので衆議院に比べて緊張感に欠ける点は否めません。私としては衆議院から出ていただくのが望ましいかなと。

高村　私は利害関係者なので、コメントできないですね。

三浦　もう一つ、私の意見を述べさせて頂くと、1票の格差の問題についても、少なくとも衆院に関してはなるべく1を目指していくという、原理原則に基づいた方向が私はいいと思っているんです。

高村　原理原則で考えて、本当に有権者の数に比例した議席配分を実現しようとしたら、最終的には全国単一大選挙区か比例代表制に行き着いてしまいます。そうすると小党分立になって、「決められない政治」に逆戻りしてしまいますよ。

三浦　原理主義的と見えると誤解を招くかもしれませんが。現状は、最高裁の判例で1票の格差について衆議院では「2倍を超えない」ことを一つの基準としています。それを、国会が2倍以内ならいいのかと意図的に読み替えている。これはおかしな話で、本筋ではなるべく1倍を目指すべきです。結果的には、人口が集中している都市圏の選挙区をもう少し増やすということになります。

高村　1に近づけるためには東京の選挙区を大幅に増やす必要があり、そうなると最小の行政単位である区と関係のないところで線引きを行わざるを得なくなります。しかも線引きをしょっちゅう変えなければならず、候補者のみならず有権者の側にも混乱が生じます。選挙の定数を決めるのに際し、一番重要な要素が「1票の価値」であるということは私も認めますが、その他もろもろの要素を考慮して、通説・判例では2倍になっているわけです。

本当の政党政治、官僚主導ではなく政治家主導の政治をやるためには小選挙区が必要だということであれば、1票の格差もある程度までは「メダルの負の側面」として許容しなければいけない気がします。参議院では合区もすでに出ていて、鳥取と島根、高知と徳島はまとめられていますが、地元の方からしたら「一緒にされるなんて冗談じゃない」という感じも強いでしょう。「おらが先生」という感覚も薄れますし、実際に前回の参議院選では投票率最低が高知、その次が徳島でしたから。

無理して1に近づけることは、地方の声を無視しているという大合唱を起こし、東京では行政単位と無関係の選挙区の線引きを呼んで大混乱が起こり、抽象世界に遊ぶ原理主義者だけが喜ぶという事態を招きかねません。

来るべき二大政党制のかたち

三浦　思うに、自民党の政治家の中で都市の選挙区から出てくる人は、選挙区の事情を反映してリベラル寄りになったり、歴史的にも候補者のタイプで調整してきたと思うんですね。パーソナル・ボートの性格が強い日本ならではの傾向です。ところがやはり都市型の選挙区には風が吹きますし、「郊外型」と私が名付けている都市と農村の二重の性格を持つ選挙区も風が強く吹く。政党の勢い如何となってしまうわけです。そうしたときに、最近出てきている傾向としては、やはり候補者が多少安易になってきているのではないかと思うのです。

政治家としてあるべき要素というのは、やはり「代表する」ということだと私は思っているので、都市型の選挙区を確実に代表していただきたい。自民党は、全国政党だし、国民政党ですが、やはり業界寄り、田舎寄りの傾向は否めない。すると、一定の現実主義的な発想をする都市型の有権者を代表する政党が存在しないように感じるわけです。失敗する前の民主党はそれを目指していたように見えたし、関西という地域限定で維新はそれを実現しているのだと思いますが。

都市には風が吹く、それゆえにマイナス面もすぐに忘れられてしまったりして、地盤を築いていかない人たちが「代表」になる。しかも自民党一強の時代が続きそうなので、やはり自民党にはもう少し都市に強い政党に育っていただきたいとも思っています。

高村　私は基本的には二大政党論者ですが、その二大政党はやはり、どちらも現実的平和主義の政党でなければならないと思っています。民主党は一時的な政局判断から空想的平和主義に流れてしまいましたが、ちゃんとした現実認識を持った議員もたくさんいるし、後を継いだ民進党も本質的には現実的平和主義の政党だと思いますから、はやくこちらの世界に戻ってきて欲しい。

三浦　そのときに自民党と民進党を分ける軸は、大きな政府と小さな政府ですか。

高村　それはその時になってみないと分からないですね。そもそも今の自民党と今の民進党の枠組みで二大政党になるかどうかも定かではないし。

これは昔聞いた話だからどこまで本当か分からないんですが、田中角栄さんがかつて小選挙区制を目指したときには、自民党が圧倒的多数を取った上で二つに割って、保守2党による二大政党制にする構想を持っていたといいます。それに倣えば自民党が一強の果てに二つに割れて、民進党の中の現実的平和主義勢力がそこに加わって二大政党になるということもあるかもしれない。

三浦　高村さんとしては、自民党が割れない方がいい？

高村　そうですね。やっぱり民進党に正しい道に戻って頂くのがいいです。

三浦　しかし政党というのは、選挙に負けると原点回帰する傾向にありますよね。イギリスの労働党もそうですが。やっぱり強い政治家が左派的プラットフォームに立っているというのが、民進党の変われない原因だとは思います。その意味で、私がもし自民党総裁の立場なら、枝野さんと辻元清美さんは絶対に落選させません。蓮舫代表も、やはり原点回帰の方に引っ張られている印象を受けます。それが日本のためにいいとは思いませんが、今の民進党の現実を前提とすると、自民党としては彼らを生かさず、殺さずというのが正しい戦術になってしまう。

高村　キツいこと言いますね（笑）。私はちょっと甘っちょろい人間で、民進党には育って欲しいと思っています。でも、具体的な政治家の是非については、言及を控えたいと思います。

おわりに

平和安全法制をめぐる論議が一段落した頃、知人から、「集団的自衛権の法制化までの過程をレガシーとして書き残されたらどうですか」という話があった。レガシーはともかく、この議論の過程を残しておくことは後世のために何らかの意味があるという気がした。

しかし、そもそも書くことはあまり好きでも得意でもない。日々の仕事もある。なので、「対談ならいいよ」と答えておいた。「では、どんな人なら受けますか?」と聞かれたので、冗談半分で「歯切れ良くばっさばっさと若い政治家を切っている三浦さんという美人の政治学者をテレビで見たけど、彼女なんかいいよね」と答えておいた。すると、冗談だったはずのことが現実となり、彼女と実際に対談することになった。

対談は合計3回、2016年の夏から秋にかけて行われた。その時と現在とで違っているのは、実際にトランプ氏が米国大統領に選ばれたことである。当時、トランプ氏が大統領選で勝利すると考えている人は日本にほとんどいなかった。しかし、三浦さんも私もトランプ氏の当選の可能性は排除していなかった。もちろん、実際に当選する可能性が高いと思っていた訳でもないが、「ありえないこと」として最初から切って捨てるような態度は取っていない。本文中でも記したように、安全保障のマナーに従えば、「あらゆる選択肢を検討する」のは当然の作業だからである。

トランプ大統領が選挙中に、「アメリカは日本を守るのに日本はアメリカを守らない。不公平だ。守ってもらいたいなら駐留経費を全部出せ」と言っていたのは、アメリカ社会に根強く存在する安保ただ乗り論者に向けた選挙用のメッセージであろう。選挙中の言葉にあまり神経質になる必要はあるまい。日米同盟は日本よし、アメリカよし、アジア太平洋をはじめとした国際社会よしの「三方よし」の同盟なので、「アメリカファースト」を掲げるトランプ大統領には特に「アメリカよし」の部分を説明すれば、そんなに心配することはないだろう。頭の良い人だから、アメリカの専門家が説明し、日本からも適切に働きかければ、必ず日米同盟の重要性を理解してくれるものと思う。

集団的自衛権の限定容認に至った政府判断については、しばしば「高村理論」などと言われたが、私がやったことは、砂川判決において最高裁大法廷で15人の最高裁判事が全員一致で下した判決理由、すなわち国の「存立を全うするために必要な自衛のための措置をとり得ることは、国家固有の権能の行使として当然」という法理を、現在の安全保障環境にあてはめたことだけである。現在の安全保障環境での「必要な自衛のための措置」の中には、国際法的に「集団的自衛権」と言わざるを得ないものがあるから、その限りで集団的自衛権が認められるようになったのだ。

確かに反対派からのデマ攻撃には憤激することもあった。私が出ていないNHKの討論番組では、ある憲法学者が「高村さんなんか田中（耕太郎・元最高裁）長官の、最高裁判決とも言えない補足意見を大上段に振りかざしている」などと言っていた。私は、田中長官の補足意見を引用したことなど一度もないし、まして大上段に振りかざしたことなどない。何度も言うが、私が引いている論拠は補足意見ではなく、最高裁大法廷で判事15人が一致して下した判決理由だけだ。

本文中でも指摘したように、多数決原理というものは常に正しいとは限らないが、長い期間で見ると比較的正しい。少数の人を長く騙すことはできる。多数の人を一時的に騙すこともできる。しかし、多数の人を長く騙し続けることはできない。だから、すべての先進国が多数決原理を基本とした民主主義をとっている。与党の政治家も野党の政治家も、長い時間で国民の目に耐えうる政治を目指して貰いたいし、国民にもデマに惑わされずに長い目で政治を見て欲しい。

もっとも、「騒動」が一段落してからは、必ずしも私と意見を同じくしない人たちからも理解の言葉を頂くようになった。集団的自衛権の限定的行使容認に反対だと言われていた阪田雅裕・元内閣法制局長官からは、テレビでご一緒した時に、「高村さんの理論はよくわかります。ただ、私たちは安全保障の素人ですから、『かつての安全保障環境』と『いまの安全保障環境』がどう違うのか、私たちにもわかるようによく説明してください」と言われた。ご自身が法理を理解した上で、国民へのさらなる説明と理解を求めた阪田さんの態度は極めて真摯なもので、嬉しかった。社論として集団的自衛権の行使容認に反対していると思っていた新聞社の元社長から、「私も含めて常識的な人は、みな高村さんの意見に賛成じゃないですか」と言われたこともある。

また、2014年に亡くなった岡崎久彦さんの発言にも喜んだことがある。私は安全保障の専門家として岡崎さんをかねてから高く評価していたが、彼がかつて自民党に講義に来た際には、ちょっとした論争をしたことがある。岡崎さんは、「日本は集団的自衛権という権利を有しているのに、行使が許されないというのは論理的におかしい。権利とは行使できるからこそ権利である」と言っていた。それに対し私は、「いや、集団的自衛権は国連憲章によって各主権国家に与えられている権利であって、それぞれの主権国家が独自の判断でその行使を制限するのは、論理的に必ずしもおかしくない」と返したのだ。その岡崎さんが亡くなる少し前、テレビのインタビューで集団的自衛権の問題に対する見解を聞かれた際、「集団的自衛権の行使はできます。砂川判決があるじゃないですか」と言ったのである。岡崎さんが「根っこから容認」派から限定容認論に転じたというつもりはないが、少なくともこの時点において砂川判決を理由としてくれたことは嬉しかった。

それでも一番嬉しかったのは、今回の対談で若い政治学者である三浦瑠麗さんが極めて丁寧に私の言うことに耳を傾けてくれたことである。国際政治学者の多くは集団的自衛権の「限定的容認」という考え方には物足りなさを覚えているようで、三浦さんもそのように考えておられることは対談の端々で感じられたが、この本では平和安全法制の制定にいたるまでの過程を丹念にフォローする役を務めてくれた。安全保障問題に土地勘がある三浦さんは理解が早いので、非常に話しやすかった。

本書でも言及したように、こういう優秀な人こそ政治家になってくれないものだろうかという思いもよぎる。一方で発信力のある政治学者という希有な存在として、今後も発信を続けてもらいたいという思いもある。三浦さんは、私のように「これは何の役に立つのか？」などとヤボなことを考えず、真理の探究そのものに喜びを感ずる方のようだから、学者の方が向いているのかもしれない。

意見の違うところもあったが、三浦さんと共通の土俵で生産的な対話が行えたことは大きな収穫だった。彼女のいつもの流儀で私がばっさばっさと切り刻まれなかったのは、三浦さんが才長けて見目麗しいだけでなく、敬老精神という意味で情けもあったからだろう。

２０１７年１月

高村正彦

高村正彦　1942（昭和17）年生まれ。衆議院議員（当選12回）、自由民主党副総裁、弁護士。経済企画庁長官、外務大臣、防衛大臣、法務大臣などを歴任。

三浦瑠麗　1980（昭和55）年生まれ。国際政治学者、法学博士、東京大学政策ビジョン研究センター講師。著書に『日本に絶望している人のための政治入門』など。

Ⓢ新潮新書

703

国家《こっか》の矛盾《むじゅん》

著　者　高村正彦《こうむらまさひこ》　三浦瑠麗《みうらるり》

2017年2月20日　発行
2017年3月5日　2刷

発行者　佐藤隆信

発行所　株式会社新潮社

〒162-8711　東京都新宿区矢来町71番地
編集部(03)3266-5430　読者係(03)3266-5111
http://www.shinchosha.co.jp

印刷所　錦明印刷株式会社

製本所　錦明印刷株式会社

ISBN978-4-10-610703-0　C0231

価格はカバーに表示してあります。